LAROUSSE
DE
L'ÉQUITATION

Cet ouvrage est dédié à tous les élèves que j'ai connus au fil des ans.

Vous guider sur votre route de cavalier a été un plaisir et un honneur pour moi.
Par votre ouverture d'esprit et votre volonté d'écouter, d'observer et d'apprendre,
vous m'avez permis de faire en parallèle mon propre voyage, celui d'instructrice.
Un de mes mentors, Jill Hassler Scoop, enseignante pionnière, a dit un jour
qu'elle aurait dû payer ses élèves, et non l'inverse, pour tout ce qu'ils lui avaient appris.
Je partage ce sentiment. Chaque élève m'a apporté quelque chose, et chaque leçon
m'a fait comprendre un peu plus.

H. H. McNEIL

LAROUSSE DE L'ÉQUITATION

Positions • Allures • Techniques • Exercices

LAROUSSE

21 rue du Montparnasse 75283 Paris Cedex 06

Édition originale
40 fundamentals of English Riding

Publié aux États-Unis par Storey Publishing, LLC.

Édition française
Traduction et adaptation : Claire Charles

Direction de la publication : Isabelle Jeuge-Maynart et Ghislaine Stora
Direction éditoriale : Catherine Delprat
Édition : Marie Gazagne, assistée de Floriane Piedfer
Direction artistique : Emmanuel Chaspoul, assisté d'Anna Bardon et de Claire Mieyeville
Réalisation : Belle Page, Boulogne
Couverture : Véronique Laporte
Fabrication : Annie Botrel

ISBN : 978-2-03-587182-4

Pour les éditions Larousse, le principe est d'utiliser des papiers composés de fibres naturelles, renouvelables, recyclables et fabriquées à partir de bois issus de forêts qui adoptent un système d'aménagement durable. En outre, les éditions Larousse attendent de leurs fournisseurs de papier qu'ils s'inscrivent dans une démarche de certification environnementale reconnue.

Préface

Même le meilleur instructeur d'équitation ne saurait transmettre tout son savoir à ses élèves. Car un cours d'équitation est avant tout une séance pratique pendant laquelle le cavalier est guidé dans l'apprentissage systématique de la bonne utilisation de son corps, de l'interaction raisonnée et cohérente avec le cheval et du ressenti du bon mouvement de sa monture, quel que soit le travail. Il incombe donc au cavalier de compléter son éducation en observant, en écoutant et en lisant. Les ouvrages merveilleux à sa disposition ne manquent pas, des grands maîtres classiques aux auteurs plus contemporains, et quantité de sujets sont traités en DVD.

Mais Hollie McNeil propose un système unique. Son combiné livre/DVD permet d'observer, d'écouter, de regarder des photographies et de lire, le tout en un seul et même programme. Chaque chapitre de ce livre, riche en photographies et schémas explicatifs, correspond à un chapitre du DVD. Que vous commenciez par lire le texte et regarder les illustrations avant de passer au chapitre correspondant en vidéo ou que vous visionniez d'abord les exercices sur DVD avant de vous référer à l'ouvrage, vous en tirerez un enseignement complet. La vidéo est très intéressante, avec une action filmée sous des angles inhabituels, au ralenti ou à vitesse normale. On ne saurait trop conseiller de regarder plusieurs fois chaque exercice pour bien décortiquer le moindre mouvement.

Hollie McNeil a fait un excellent travail, avec des explications des fondamentaux et des particularismes qui apporteront une aide précieuse à tous les cavaliers. Le programme systématique qu'elle propose, présenté avec clarté et simplicité, donne une vraie chance de succès avec la majorité des chevaux. Elle met aussi de nouvelles études scientifiques dans la balance, expliquant comment elles entrent en jeu dans l'équitation moderne ou en quoi elles apportent un regard différent de celui des maîtres classiques.

Ce livre sera aussi un outil inestimable pour les instructeurs désireux de compléter leur bagage d'enseignant. Ils y trouveront de nouvelles méthodes d'expression et peut-être des exercices utiles pour leurs cours. Quant au DVD, il donne aux jeunes moniteurs l'occasion d'affûter leur regard, notamment grâce au ralenti et aux arrêts sur image.

Cet ouvrage, enfin, permettra à tous les cavaliers d'optimiser leur potentiel.

Lendon Gray
Cavalière ayant participé deux fois aux jeux Olympiques,
fondatrice de *Dressage4Kids* et
directrice de la *Dressage Foundation*

Sommaire

INTRODUCTION

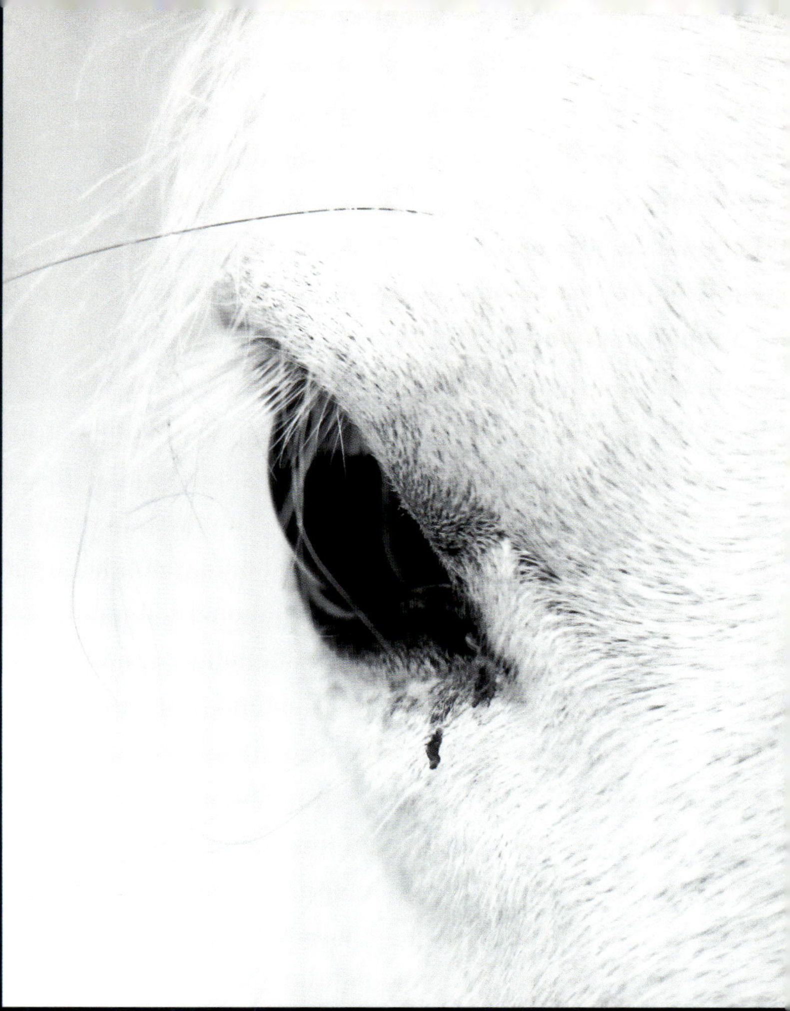

INTRODUCTION

Tout auteur a besoin d'une motivation pour commencer à écrire un livre. La mienne a germé il y a longtemps, dès mes débuts d'enseignante équestre. Au fil des ans, j'ai fait la rencontre de centaines et de centaines d'élèves. Certains sont venus me voir sans aucune idée préconçue sur la bonne équitation. D'autres avaient déjà pris des leçons ailleurs, essayé ceci ou cela, d'autres encore m'arrivaient après une longue parenthèse, souvent après avoir eu des enfants et une carrière professionnelle…

Bonne et mauvaise équitation

J'ai régulièrement entendu les élèves qui ont monté ailleurs exprimer leurs doutes sur mes paroles et écouté les raisons de leur défiance. Ils m'ont souvent dit : « Ce n'est pas comme ça que j'ai appris » ou : « Mon ancien instructeur m'a toujours dit de faire comme ça ». Et généralement, le débat ne tourne pas autour de quelque subtilité ésotérique sur la théorie équestre mais sur des fondamentaux tels la tenue des rênes, le trot assis ou les aides du galop.

Dans la pratique, les préférences personnelles ont toute leur place, et elles s'enseignent facilement. L'adoption d'une approche légèrement différente n'est qu'une question de vision plus large et surtout plus objective.

Mais le vrai problème pour moi, c'était de sentir devoir me retrancher sur une position défensive, mise en demeure de plaider ma cause comme un avocat à la barre. Il me fallait des preuves, des citations et des précédents pour devoir prétendre étayer mes affirmations.

Lectrice vorace sur tous les sujets en rapport avec l'équitation, je me suis appuyée dans mes cours sur des maîtres universellement reconnus dans le monde entier tout comme par l'histoire de l'équitation, que je citais sans modération. Je plaisante souvent en disant que mon cerveau n'abrite pas une seule pensée d'origine et que tout mon savoir se résume à des informations savamment travaillées et régurgitées.

En fait, la nécessité que m'ont imposée mes élèves de devoir défendre mon équitation, justifier ma théorie personnelle de l'enseignement, et montrer des preuves et citer des références faisant autorité pour appuyer mes propos, ont fait de moi au fil du temps une meilleure instructrice.

Se concentrer sur les bases

Une solide compréhension des fondamentaux est un impératif. Je suis témoin en tant qu'instructrice d'immenses lacunes dans la compréhension de l'équitation élémentaire. Or, un cavalier se doit de comprendre les bases de l'équitation et d'en avoir une approche raisonnée. C'est cet impératif qui est à l'origine de ce livre.

Rassurez-vous, je ne suis pas la seule à penser ainsi. Un jour que l'on demandait à Anne Gribbons (conseillère technique en dressage de la Fédération équestre des États-Unis – USEF –, juge FEI « O » et médaille d'argent aux jeux Pan Am) comment elle s'y prendrait pour améliorer le dressage aux États-Unis, elle répondit : « Les bases, les bases, les bases ! Les cavaliers doivent suivre un apprentissage systématique, faire leurs classes en longe, ne pas laisser une ambition démesurée obscurcir leur jugement. »

L'éminent instructeur allemand Christoph Hess ajoute même que « N'importe quel cavalier, fût-il de haut niveau, a besoin de se concentrer sur les bases. »

Cette affirmation repose sur une raison bien simple : dans mon pays, les États-Unis, il n'y a pas de système de formation équestre et il n'existe pas non plus de standard national. Grosso modo, n'importe qui désireux d'enseigner l'équitation ou de travailler des chevaux peut le faire, quels que soient son cursus, ses qualifications ou ses références. Ainsi, quand un nouvel élève arrive dans une écurie pour y prendre des leçons, qui sait quelles informations (vraies ou fausses) il y recevra ?

Les dimensions et la diversité de mon pays sont en partie à blâmer pour cette absence de standards et ce manque de cohésion. Les États-Unis comptent des millions de cavaliers et de chevaux. Et pourtant, tous ces amoureux du cheval ne jouent pas ensemble le même jeu avec les mêmes règles. Au sein d'une même discipline, les cavaliers sont déjà en désaccord sur les fondamentaux. Que dire du reste ? En revanche, les pays d'Europe, plus petits et plus densément peuplés, peuvent davantage surveiller leur industrie équestre de plus près et ainsi guider plus étroitement l'éducation de leurs chevaux.

Des fondements pour tous

Les fondamentaux sont valables dans toutes des disciplines équestres. Les gens appellent souvent notre écurie pour se renseigner sur les cours et sur notre profil. Ils veulent savoir si nous allons à des concours de saut d'obstacles ou de hunter, si nous avons des cavaliers de complet ou si nous sommes strictement une écurie de dressage.

Ce cloisonnement entre les disciplines classiques contribue au manque de cohésion dans l'information et l'organisation.

En étudiant les programmes de certification, j'ai réalisé qu'aux États-Unis, je pouvais être labellisée instructrice de dressage par la Fédération de dressage des États-Unis (USDF), enseignante mixte par la United States Eventing Association (USEA) et enseignante de hunter/saut d'obstacles par la United States Hunter Jumper Association (USHJA). Sont-ce réellement des équitations et des enseignements si différents que j'aie besoin d'un certificat pour chacun d'eux ?

C'est pourquoi j'ai choisi d'aller plutôt en Allemagne passer un seul brevet validant mes compétences en dressage, en saut d'obstacles et en cross-country en sus de la longe, de la gestion d'écurie et de la santé équine. Je suis maintenant titulaire d'un passeport international d'enseignant reconnu par la Fédération équestre internationale (FEI).

Je suis intimement convaincue que l'équitation doit reposer sur les mêmes principes quelle que soit la discipline visée : saut d'obstacles, dressage, cross-country. L'équitation anglaise et son enseignement sont la clé de voûte de tous les sports équestres classiques.

Le dressage peut sembler une discipline excessivement ambitieuse et fait peur à certains. Mais n'oublions pas que ce même mot est synonyme d'éducation rudimentaire de l'animal. Partant de là, on comprend alors que le dressage s'adresse à tous les chevaux. Le dressage, comme toutes les disciplines équestres d'ailleurs, a pour seul objectif de rendre le cheval plus agréable à monter.

LES MÊMES GRANDS PRINCIPES VALENT POUR TOUS LES CHEVAUX

Les chevaux ne sont pas tous destinés au haut niveau. Combien de fois n'ai-je pas entendu des gens déclarer d'un ton condescendant que tel cheval d'une race destinée à l'équitation de loisir n'était pas « un cheval de dressage »... Certes, il ne remportera peut-être jamais de rosette en concours mais pourtant, le dressage est incontestablement bon pour lui aussi.

Un jour arriva dans mon écurie une petite jument dressée Western qui avait jusque-là passé sa vie à sillonner les chemins de randonnée. On aurait pu la croire *a priori* calme et facile. Bien au contraire, elle ne tenait pas en place au montoir, chauffait dès que le cavalier se mettait en selle et passait toutes les promenades à danser sur place et à caracoler.

Mais avec plusieurs années de travail en dressage, elle a appris à rester patiemment immobile le temps que son cavalier monte, règle ses étriers et ressangle, puis à travailler dans la décontraction et la souplesse. Lors d'un concours de dressage de petit niveau, elle obtint plus de 70 % d'un juge pourtant réputé sévère.

Le dressage a des bienfaits pour tous les chevaux pour une autre raison : le travail d'un cheval « dans le bon sens » est une véritable thérapie physique. Nous avions dans notre écurie une jument de 15 ans percluse d'ostéochondrite (une détérioration du cartilage qui peut entraîner l'érosion des articulations). Son propriétaire nous l'avait amenée par simple curiosité, pour voir ce qu'elle était capable de faire. Incontestablement, elle ne fonctionnait pas correctement mais nous avons pourtant commencé à travailler les bases avec elle.

Au fil du temps, elle a gagné en équilibre, en souplesse et en activité. Elle a fini par participer à des concours de dressage reconnus, y remportant des notes plus qu'honorables. Le dressage a-t-il offert une seconde jeunesse à cette jument ? Je peux répondre oui, sans hésiter !

L'équitation, un art et une science

Dans ma quête de clarification des fondamentaux, j'ai mis en valeur plusieurs cas où l'équitation, qui n'est pas une science exacte, laissait la place à la controverse et au débat. Apprendre à monter et à travailler un cheval n'est malheureusement pas une affaire parfaitement objective. C'est bien pourquoi il existe une foule de controverses et de courants de pensée.

Demandez à dix personnes d'observer un cheval au trot et vous aurez dix opinions différentes. L'un conseillera d'enlever le noseband de cette muserolle combinée trop serrée. Un autre pointera un manque d'activité des postérieurs, tel autre encore observera que le cheval est derrière la main.

Les fondamentaux sont des constantes. Au-delà, je sais que je ne sais rien, comme disait Socrate. C'est l'acquisition d'informations et d'idées nouvelles, l'approfondissement et la maturation de la compréhension des concepts, qui transforment véritablement le sport équestre en art équestre.

Certes, dans ma volonté de présenter des « faits », j'ai certainement dû parfois franchir la ligne ténue qui sépare les faits objectifs des opinions personnelles. Je suis bien certaine que l'on pourrait trouver matière à me contredire dans ces pages, mais j'ai sans cesse fait tout mon possible pour décrire les véritables fondamentaux tels que chaque cavalier classique devrait les connaître, les penser et les pratiquer. J'espère sincèrement que cet ouvrage, porteur de sens et de réalité, sera apte à aider pareillement cheval et cavalier dans une relation harmonieuse.

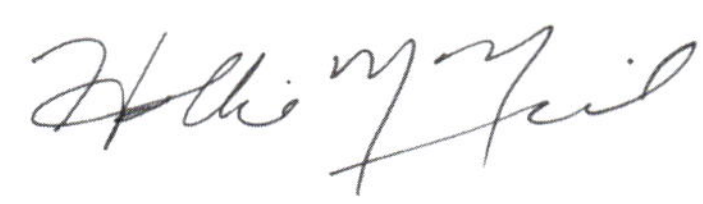

LE CONTRÔLE

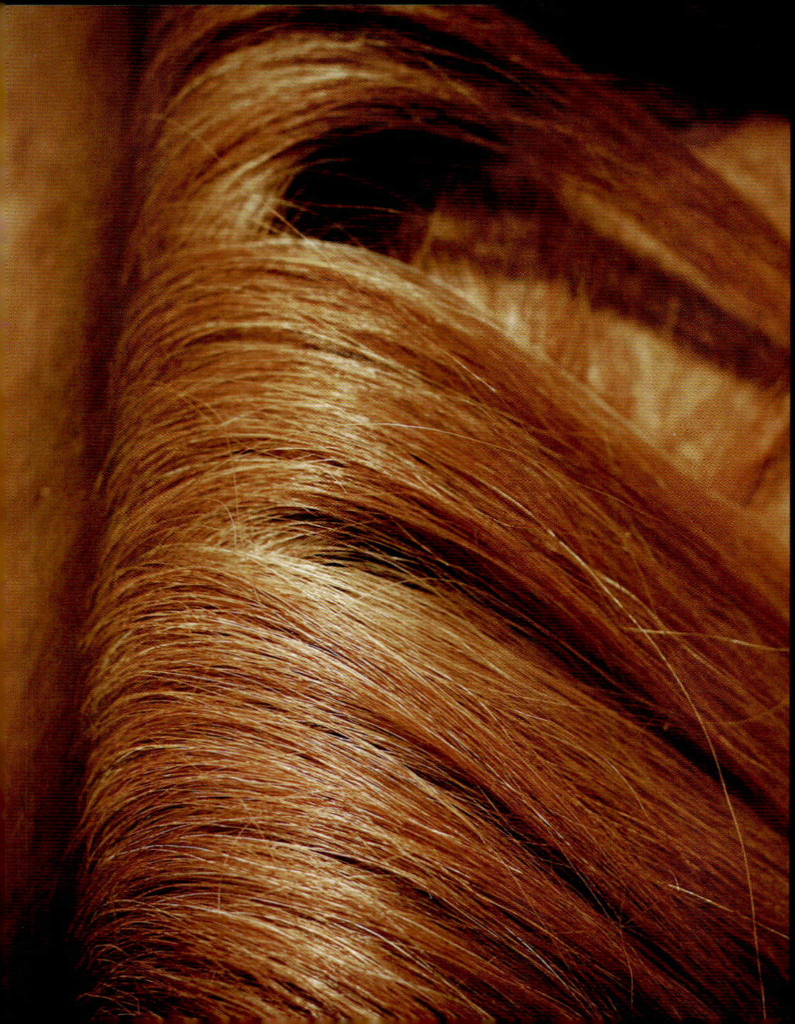

LE CONTRÔLE

Lao-Tseu a dit : « Un voyage de mille lieues commence toujours par un premier pas. » Cet adage bien connu est valable au sens propre comme au sens figuré dans l'apprentissage de l'équitation.

Au niveau le plus élémentaire, contrôler un cheval consiste à déterminer où celui-ci met ses pieds et à quelle vitesse il se déplace. Le cavalier novice doit être conscient qu'il doit prendre le contrôle dès ce fameux premier pas. Tous les types d'équitation (western, dressage, randonnée, polo, etc.), quel que soit leur objectif, posent toujours les deux mêmes questions : où vais-je avec ce cheval ? À quelle vitesse se déplace-t-il ?

Le contrôle est un sujet épineux, avec plusieurs niveaux de complications. Comment contrôler un cheval ? Par la brutalité ? Par une force colossale ? Rien de tout cela. Il faut une bonne position, de l'équilibre, et la faculté de *communiquer* avec le cheval à travers cette position. L'idéal universel de la relation avec le cheval repose sur la science et sur la nature de ce dernier, et non sur une méthode ou un système particulier.

L'apprentissage du contrôle

Dans l'enseignement traditionnel, on ne laisse pas au cavalier débutant le loisir de contrôler le mouvement en avant ni la direction du cheval. Au lieu de cela, il commence par d'innombrables leçons en longe (voir encadré page 25), pour apprendre l'équilibre et pour travailler son assiette. Ce n'est qu'une fois l'assiette acquise qu'il étudie la bonne position des jambes et leurs aides, ainsi que celle des mains. Le travail en longe lui donne le temps d'assimiler les connaissances et les compétences nécessaires à la communication et au contrôle.

Mais dans l'enseignement tel qu'il se pratique actuellement dans les clubs, à l'inverse, les cavaliers commencent généralement les rênes en main, et on leur enseigne dès le début comment se servir de leurs mains et de leurs jambes pour faire avancer le cheval, le faire tourner, l'arrêter.

Savoir prendre le contrôle dès le premier pas

Quelle que soit la méthode, le cavalier doit rechercher l'équilibre et savoir corriger sa position pour indiquer à sa monture où aller et à quelle vitesse. Ayant acquis le contrôle, il sera libre de se décontracter, plus en confiance. Malheureusement, c'est souvent le paradoxe de l'apprentissage de l'équitation : sans cette confiance, le cavalier est incapable de se décontracter ; or, les tensions et la nervosité détraquent la position, dont le cavalier ne pourra se servir comme d'un moyen de communication efficace. Il ne pourra donc pas prendre le contrôle, ce qui ne fera qu'accroître sa tension et sa nervosité…

DRESSAGE, SYNONYME D'ÉDUCATION

Nombre de cavaliers novices ne réalisent pas que le mot « dressage » n'est qu'un synonyme d'« éducation » de l'animal. Certes, il s'agit d'une discipline au même titre que le saut d'obstacles ou que le complet mais, à son niveau le plus élémentaire, le dressage consiste à éduquer sa monture, ce qui est la clé de voûte de l'équitation et de toutes ses disciplines.

Que vous le sachiez ou non, vous dressez votre cheval à chaque séance, même si vous montez avec une selle Western ou à cru. Vous êtes par définition le dresseur du cheval. Toute action, qu'elle soit délibérée ou involontaire, participe à son dressage. Car le dressage permet avant tout d'établir une relation entre le cavalier et sa monture, fondée sur la confiance et l'équilibre.

LEÇON N° 1 Au contrôle dès le premier pas

On voit fréquemment des cavaliers qui, même après avoir bien assimilé les rudiments d'une bonne position et de l'emploi des aides, tendent à laisser le cheval aller où bon lui semble. Bien souvent, ce laisser-aller commence dès le montoir. Trop nombreux sont les chevaux qui marchent à la seconde même où leur cavalier passe sa jambe par-dessus la selle, alors qu'ils devraient rester immobiles le temps que leur cavalier organise ses rênes et règle ses étriers.
Le cheval doit attendre les informations du cavalier pour savoir *où* et *quand* faire le premier pas, mais ce n'est possible par ailleurs que si le cavalier sait lui-même clairement ce qu'il veut. Sans réflexion préalable ni planification, il s'ensuit souvent de vagues déambulations dans le manège. Car à la seconde où le cavalier se met à cheval, il donne le « la » de la séance. Il doit par exemple avoir décidé à quelle main commencer la détente. Le cavalier sans programme abandonne les rênes au cheval. Quand un cavalier cède la place de pilote à sa monture, c'est souvent parce que, bien que physiquement apte à maîtriser la situation, il n'est pas *mentalement* prêt au travail. En laissant son cheval décider pour lui, il le dresse malheureusement pour prendre les commandes.

▲ Le cavalier doit avoir pris le contrôle longtemps avant de se mettre en selle. Préparez votre plan avant même de monter.

À la seconde où le cavalier se met à cheval, il donne le « la » de la séance. Il doit par exemple avoir décidé à quelle main commencer la détente. Le cavalier sans programme abandonne les rênes au cheval.

Des séances planifiées

Tout cavalier doit assumer la responsabilité du premier pas et de tous ceux qui vont suivre lors de la séance. Il doit établir un programme pour son travail global mais aussi pour son parcours journalier. Un programme pour chaque pas après l'autre. Il doit savoir ce qu'il va travailler chaque jour.

Globalement, que l'on soit novice à cheval ou déterminé à progresser, il faut poser les pierres angulaires sur lesquelles bâtir ses réalisations. Souhaitez-vous sortir en concours ou être un simple cavalier de loisirs ? Vous imaginez-vous devenir peut-être, un jour, un professionnel ?

Si vous travaillez avec un cheval en particulier, qu'attendez-vous de lui ? Espérez-vous le présenter en concours amateur l'année prochaine, ou aimeriez-vous tenter le concours complet ? Quels que soient vos choix, il vous faut de toute façon commencer par assimiler de bonnes bases et des fondamentaux de l'équitation.

Pour chaque séance vous devez savoir ce que vous allez faire : vous concentrer sur des transitions plus propres, par exemple, ou des demi-arrêts plus efficaces. Vous pouvez rédiger un programme pour structurer vos objectifs.

Décomposez votre séance de travail. La détente doit durer au moins 10 minutes, avec une session de travail proprement dite de 10 à 20 minutes, et une période de récupération de 10 minutes. Il est toujours utile pour se concentrer de s'inscrire dans un cadre précis, avec une séance décomposée en périodes gérables.

Conseils

- **Lors d'une séance,** la mauvaise gestion du temps est souvent à l'origine de nombreux problèmes. On a d'un côté le cavalier qui monte et met pied à terre en 20 minutes montre en main car il ne sait pas quoi faire à cheval (c'est bien souvent la conséquence, par ailleurs, d'un moniteur criant ses ordres d'un bout à l'autre du cours sans jamais donner au cavalier l'occasion de réfléchir par lui-même. Le jour où il se retrouve seul à cheval, son esprit tourne à vide car il est totalement dépendant. Un bon instructeur encourage et développe l'autonomie du cavalier.)
- **À l'inverse,** on voit fréquemment des cavaliers qui ne savent pas s'arrêter et enchaînent deux heures de travail, voire parfois plus. Le cheval (de même que le cavalier, d'ailleurs) perd sa concentration quand il fatigue. Une heure, à quelques minutes près, c'est le temps maximum recommandé pour le travail en manège. La promenade et la randonnée sont souvent moins exigeantes mentalement et moins intenses physiquement, et peuvent donc être plus longues.

Pour poursuivre ses objectifs, un cavalier doit être avant tout organisé et déterminé. Tant en selle que dans l'éducation à pied, il lui faut être clair pour faire comprendre ses désirs. C'est ainsi qu'il devient un cavalier au contrôle du premier pas comme de tous ceux qui suivront, confiant et détendu.

LA VÉRITÉ SUR LA LONGE

Le travail à la longe est bénéfique, pour le cheval comme pour le cavalier, sous bien des aspects. Fondamentalement, il s'agit de faire travailler le cheval (avec ou sans cavalier) à distance du longeur : il se déplace sur un cercle au bout d'une longe attachée au licol ou au bridon, généralement sur un cercle de 20 mètres, aux trois allures et aux deux mains.

C'est l'outil idéal pour aider le cavalier à trouver une bonne position et son équilibre, car c'est l'instructeur qui s'occupe de la vitesse et de la direction du cheval, laissant l'élève se concentrer sur un ou deux problèmes à la fois, pas plus. Ce travail favorise la prise d'assurance et la décontraction chez le cavalier timide ou nerveux. Cependant, il est primordial que l'élève s'entraîne sur le dos d'un cheval d'école connaissant le travail à la longe.

Correctement exécuté, le travail à la longe est aussi bénéfique au cheval. On longe souvent le jeune cheval dans le cadre du débourrage ; l'exercice lui donne confiance en lui et en l'homme, et l'habitue à la selle. Il apprend à s'incurver, à se tendre et à prendre le contact. Un moment de longe avant une séance montée échauffe le cheval et délie son corps. On longe aussi souvent un cheval « chaud » avant de le monter, pour le laisser « dégazer » un peu avant de se mettre en selle.

LA POSITION DU CAVALIER

LA POSITION DU CAVALIER

« L'équitation, c'est l'art de garder le cheval entre le sol et vous. » Je ne connais pas l'auteur de cette phrase, mais je sais en revanche qu'il n'a pas tort : monter à cheval, c'est défier la loi de la gravité !

J'imagine bien que les premiers humains à avoir eu l'idée de grimper sur le dos d'un cheval ont dû instinctivement vouloir s'allonger à l'horizontale dessus. On retrouve cet instinct chez les cavaliers débutants qui se jettent en avant, s'accrochent à l'encolure et se collent le plus possible au cheval dans l'espoir de préserver une vie et des membres chers à leur cœur dès qu'ils sentent leur équilibre en péril. Et après tout, quelle personne sensée aurait la curieuse idée d'associer la surface horizontale du dos du cheval à une position verticale du corps humain ?

Une position consciente

Mais les lois de la physique vont à l'encontre de cette idée – au moins quand on comprend mieux la relation physique entre cheval et cavalier. Monter à cheval, c'est apprendre au cerveau à sortir du mode « autoprotect » (c'est-à-dire s'aplatir et s'accrocher à la vie) pour entrer dans le mode de la réflexion lucide, celle qui dit : « Je peux rester assis droit et stable sur cette créature, même si elle martèle le sol et fend l'air à une vitesse pour le moins remarquable ».

Un petit goût de tai-chi

En selle, on doit pouvoir dessiner une ligne verticale tombant d'aplomb en passant par la tête, la hanche et le talon. Cette position d'équilibre existe aussi dans les arts martiaux, et également dans la gymnastique chinoise tai-chi. On l'appelle d'ailleurs « position du cavalier », et c'est la plus courante en tai-chi et en qi gong. En tai-chi, la position du cavalier sert de transition d'un exercice à un autre et favorise la bonne circulation du chi (l'énergie).

Il faut s'imaginer que le cavalier, dans cette position, se réceptionnerait sur ses pieds, dans la même posture, si son cheval venait subitement à s'évaporer sous lui. Il en va de même lors des sauts d'obstacles : le corps en équilibre sur les hanches et les talons, le cavalier se retrouverait debout par terre si son cheval disparaissait comme par enchantement.

Les autres éléments d'une bonne position

Une bonne position intègre aussi des concepts importants sur l'assiette, les jambes et les mains ainsi que leur fonctionnement. Pour son acquisition, la première priorité est l'assiette ; viennent ensuite les jambes, et les mains pour finir.

◀ **La position du cavalier, une posture fondamentale en tai-chi, reprend la position stable indispensable en équitation.**

LEÇON N° 2 L'assiette de dressage

Selon un adage allemand, seul un cavalier qui sait s'asseoir correctement sait monter correctement (les Allemands ont toujours le secret pour trouver des formules pleines de bon sens !). Cette affirmation reflète une idée essentielle en équitation : la position commande le fonctionnement. Une bonne assiette est à la base de tout apprentissage de l'équitation et son acquisition ne tolère aucun raccourci.

De solides fondations

L'incomparable Anne Gribbons (conseillère technique en dressage de la Fédération équestre des États-Unis [USEF], juge « O » de la Fédération équestre internationale et médaille d'argent aux jeux Pan Am) a un jour écrit, je cite de mémoire, que « tout cavalier devrait travailler à la longe jusqu'à ce que cheval, cavalier et instructeur soient morts d'ennui ».

Formée en Europe, elle sait que chaque cavalier doit consacrer des efforts considérables pour son assiette car elle sera la pierre angulaire de toute son éducation équestre. Sans bonne assiette, il est comme une tour bâtie sur du sable : il lui manque des fondations solides (dans le cas présent, force et stabilité). Dans les grandes écoles d'équitation européennes, on voit d'un mauvais œil un cavalier novice utiliser les aides en l'absence d'une assiette satisfaisante. Le cavalier fait ses gammes en longe et ne prend pas les rênes en main avant cela, qu'il faille dix leçons ou cent ! Dans d'autres cas, particulièrement pour les enfants, le cheval est muni de rênes fixes, afin que le cavalier se concentre sur son assiette, sans interférer en quoi que ce soit avec le contact (voir leçon n° 22, page 143) et l'attitude du cheval.

Quelle est son utilité ?

L'assiette de dressage est une position assise dans laquelle la tête, les hanches et les talons forment une ligne verticale. Le corps du cavalier doit former comme une liane souple et élastique. Les ischions et l'os pubien forment un triangle sur la selle ; le poids du corps est également réparti entre les deux ischions. Un cavalier stable, à l'assiette liante, a trois atouts :

- **Il ne bloque** ni ne gêne le mouvement du cheval.
- **Il peut consciemment influer** sur celui-ci avec son poids du corps par le truchement de l'assiette.
- **Il contrôle avec efficacité** ses jambes et ses mains.

Dans la palette des nuances entre la laxité (qui laisse le cheval se porter en avant librement) et la rigidité (qui entrave le mouvement en avant), le cavalier travaillant sur la mise en selle est souvent à un extrême ou à l'autre. Trouver le juste milieu entre laxité et rigidité, c'est comme essayer de mélanger de l'eau chaude et de l'eau froide jusqu'à pouvoir se plonger dans un bain à la température idéale. Grosso modo, un cheval va réagir à la laxité en avançant plus, et à la raideur en ralentissant. Il faut donc que le cavalier travaille inlassablement sa position en répétant ses exercices avec exigence et rigueur.

LES FONDAMENTAUX DE L'ASSIETTE

Une bonne assiette de dressage n'est pas aussi simple à maîtriser qu'il y paraît. Si l'on aligne les meilleurs cavaliers mondiaux, on peut voir que chacun a sa version de la bonne assiette, et qu'il n'y a pas de position universellement correcte. On retrouve cependant plusieurs fondamentaux que partagent tous les grands, et qui leur confèrent une assiette liante et souple, fonctionnant au mieux :

- **Une musculature tonique et une bonne coordination**
- **De la décontraction**
- **De l'assurance**
- **L'écoute du cheval**

Trop mou, le cavalier est assis comme une masse gélatineuse apparemment dépourvue de structure musculaire. L'autre défaut consiste à se tenir raide comme une planche de bois. Quelque part entre les deux se trouve un état de tension positive, avec un cavalier souple mais ferme. Quand il trouve ce juste milieu, l'assiette devient liante, c'est-à-dire que le cavalier absorbe tous les mouvements de sa monture sans s'y opposer ni les gêner. Parallèlement, il est libre d'employer ses mains et ses jambes indépendamment de son assiette.

▼ **Dans une position correcte et stable, la tête, la hanche et le talon du cavalier sont à l'aplomb.**

LES DÉFAUTS D'ASSIETTE LES PLUS FRÉQUENTS

Les problèmes d'assiette sont universels. Ils sont même si courants qu'on les a baptisés : assiette de chaise, cavalier assis sur l'enfourchure, dos cambré ou dos voûté. Quand un cavalier cherche son assiette, il est normal qu'il ne parvienne à régler un travers que pour mieux tomber dans un autre. Il en est même qui doivent se débattre avec plusieurs défauts à la fois.

Avec l'assiette de chaise ou chez le cavalier assis sur l'enfourchure, c'est l'équilibre qui pose problème. Or, quand celui-ci est compromis, le cavalier a du mal à user avec efficacité du poids de son corps et de ses aides, car ni le premier ni les secondes ne sont là où il le faut pour transmettre des signaux corrects au cheval. Pour couronner le tout, les mains sont incapables d'agir indépendamment du reste du corps car elles sont occupées au maintien de l'équilibre.

Assiette de chaise

Cette position, comme son nom l'indique, décrit le cavalier ayant l'air d'être assis sur une chaise. Les jambes sont en avant, les fesses repoussées vers l'arrière, au creux de la selle, vers le troussequin. Les cuisses et les genoux ont tendance à remonter et sont contractés. C'est une position fréquente quand les étriers sont trop courts ou que les genoux ne jouent par leur rôle d'articulation mobile.

Cavalier assis sur l'enfourchure

Dans cette position, le problème le plus visible est le bas de jambe plus à l'aplomb du cavalier. Au fur et à mesure que la jambe part en arrière et n'est plus alignée, les épaules du cavalier avancent, pour tenter de rééquilibrer le corps.

▼ Assiette de chaise.

▼ Cavalier assis sur l'enfourchure.

Les cavaliers chaussés trop long tombent immanquablement dans cette position.

Cavalier de travers

Pour plusieurs raisons (notamment la courbure de la colonne vertébrale, un côté « fort » contre un côté « faible » ou une selle inadaptée), le cavalier a souvent tendance à s'asseoir de guingois dans la selle, empêchant ainsi le cheval de se déplacer librement et correctement, et lui-même d'employer ses aides comme il faut.

Par exemple, si la hanche droite du cavalier s'affaisse et que celui-ci pousse le cheval en avant en mettant constamment plus de poids à droite, un galop sur le pied gauche (nécessitant un report du poids sur l'ischion gauche) pourra s'avérer difficile.

On entend souvent les cavaliers se plaindre que leur cheval a du mal à prendre le galop sur le bon pied à une main ou à l'autre, mais il est tout à fait possible que la cause de cette difficulté tienne du cavalier lui-même, parce qu'il s'assied de travers et ne laisse en fait pas le loisir à sa monture de prendre le galop sur le bon pied.

Au fil du temps, la selle peut même se déformer et s'affaisser d'un côté (comme le cheval d'ailleurs), si le cavalier est inconscient de sa tendance à s'asseoir une hanche plus basse que l'autre.

Dos voûté

Trop de temps passé devant un écran d'ordinateur et tassé sur une chaise... Au final, beaucoup de cavaliers se retrouvent avec des pectoraux et des abdominaux, complètement affaiblis. Des épaules tombantes et une colonne vertébrale arrondie se traduisent directement par une mauvaise position en selle, et mettent le cavalier en situation de difficulté.

Le dos rond, le cavalier ne peut transmettre d'informations au cheval que par ses mains, car il n'a plus accès à ses muscles posturaux. Par « muscles posturaux », on entend les grands groupes musculaires qui courent sur toute la longueur du tronc et du torse. Leur mobilisation stabilise la colonne, le bassin et la ceinture scapulaire. Des activités de mise en forme telles que le yoga, le tai-chi ou le Pilates sont un excellent moyen de renforcer vos muscles posturaux.

Dos cambré

Certaines personnes se demandent pourquoi elles ont si souvent mal au dos. Fréquemment, cela vient d'un bassin basculé en avant. Cette même position, en selle, donne un cavalier « perché » sur l'enfourchure, les ischions surélevés dans la selle. Le verrouillage en antéversion le conduit à serrer l'intérieur des cuisses, et même les genoux ; le cavalier est alors incapable d'épouser le mouvement en avant du cheval, et il est lui-même limité, comme si une tenaille lui enserrait le dos.

▼ Cavalier de travers.

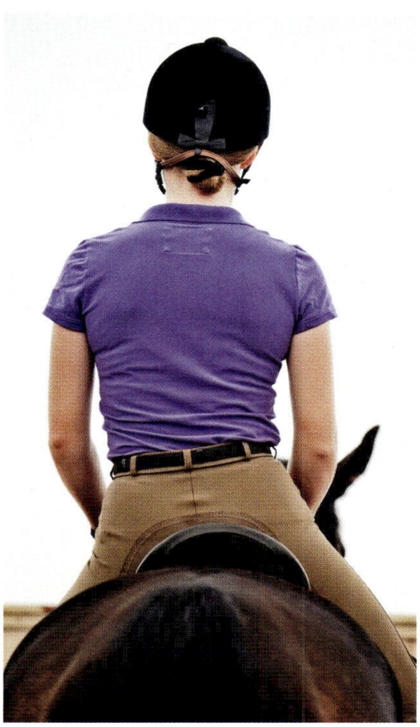

▼ Dos voûté.

▼ Dos cambré.

L'ACQUISITION D'UNE MEILLEURE ASSIETTE

Avant toute chose, pour acquérir des fondations solides, il faut suivre un bon enseignement. Quels sont les antécédents de votre instructeur, sa formation, sa réputation ? Non content d'être compétent, il doit aussi être un bon communicant.

Rien n'est pire que de s'échiner à apprendre pour finalement découvrir qu'on n'a pas appris ce qu'il fallait. Il est bien plus difficile de se débarrasser de mauvaises habitudes que d'assimiler les bonnes (comme acquérir une bonne assiette) dès le début. Si vous n'avez jamais monté, ou rarement, un bon enseignement vous donnera l'avantage de partir du bon pied.

Vérifiez l'ajustement de la selle

Dans l'apprentissage, ou dans cette tâche plus ardue encore qu'est le réapprentissage, il y a plusieurs points à considérer avant même de se mettre en selle. En premier lieu, la selle est-elle adaptée au cavalier et au cheval ? Je classe les selles en trois catégories : les avantageuses, les neutres ou les gênantes. Il est surprenant de voir le nombre de gens qui montent avec une selle qui les empêche de développer une bonne assiette et qui leur cause plutôt bon nombre de leurs difficultés.

Il faut prendre le temps de trouver la selle qui convient au cavalier et au cheval. Malheureusement, on croit trop souvent qu'il suffit que la selle aille au cheval. C'est absolument faux. Si la selle ne convient pas au cavalier, la mauvaise assise de ce dernier finira par causer des douleurs à sa monture. Il est impératif de trouver une selle qui est adaptée aux deux membres du couple.

L'ajustement de la selle est une science. Il ne faut donc pas hésiter à demander conseil à quelqu'un qui s'y connaît, et le personnel de la sellerie locale est un bon début. Demandez aussi l'avis du moniteur. Les deux points les plus importants sont le dégagement de la colonne, et la liberté des épaules et du garrot (qui doit être totale).

Si la selle semble aller au cheval, vous devez l'essayer, avant même de l'acquérir, pour confirmer votre confort,

▼ Un outil qui a fait ses preuves pour les problèmes d'assiette : la longe.

▲ Des étriers plus courts peuvent permettre de trouver son équilibre et améliorer l'assiette.

et vérifier que vous êtes à l'aise et que la selle permet bien à tout votre corps de se mouvoir.

Observez de bons cavaliers

L'une des meilleures façons d'apprendre consiste à observer des cavaliers qui savent ce qu'ils font, en essayant de ne jamais regarder les mauvais, car il y a toujours un risque, pour quelqu'un doté d'une bonne mémoire visuelle, d'imiter ce qu'il voit. Lors des stages, il est très agréable d'apprendre en observant ; voir des cavaliers monter en concours peut aussi être d'une grande aide. Dire que l'on monte comme ceux que l'on regarde est une vérité : attention donc à ne pas regarder n'importe qui.

Si votre moniteur est un excellent cavalier doué d'une assiette parfaite, regardez-le monter le plus possible. Je suis un jour allée à un concours auquel participait un instructeur, ainsi qu'une poignée de ses élèves. Je me suis aperçue que je pouvais les repérer simplement à leur façon de monter : comme lui, magnifiquement. Son écurie est d'ailleurs partie avec tous les plus gros trophées du concours.

Révisez vos fondamentaux

Comme je l'ai déjà dit, une personne montant déjà à cheval mais ayant des défauts d'assiette porte un fardeau plus lourd qu'un parfait débutant : réapprendre les fondamentaux est très difficile, du fait de la mémoire musculaire. Le corps croit se positionner correctement parce que c'est ce qu'on lui a appris. Pour réapprendre, il faut donc fournir de gros efforts de volonté lors d'un processus qui peut se révéler très frustrant et qui exige beaucoup de patience. Une leçon à la longe vous permettra de vous concentrer exclusivement sur l'assiette grâce à une multitude d'exercices car vous n'avez plus à diriger le cheval ni à le garder en mouvement.

Raccourcissez vos étriers

Cet exercice est utile quand on travaille seul : raccourcir les étriers de cinq ou sept trous (voire plus) et monter en suspension, même dans une selle de dressage. Ainsi, vous sentirez et décontracterez pleinement les trois articulations principales : hanches, genoux et chevilles. Elles doivent être souples et élastiques. Essayez de trouver votre équilibre chaussé très court, comme un jockey.

Regardez où vous allez

Le regard, aussi étrange que cela puisse paraître, est un outil précieux pour améliorer son assiette. On peut le comparer à l'élément de tête d'un organigramme : le regard guide la tête, la tête guide le corps, le corps guide le cheval. Le cavalier idéal regarde devant lui, tout comme un conducteur au volant (qui ne regarde pas la route juste devant le capot). Le cou du cavalier doit être dépourvu de tension, le mouvement, se propager librement dans la tête, le cou, la colonne vertébrale et l'assise.

- **Regard mobile.** Étudions pour commencer l'effet d'un regard figé : les cavaliers dotés d'une mauvaise assiette bloquent souvent le cou et fixent un point vague sur l'encolure du cheval ou par terre. Ce verrouillage des yeux les rend physiquement incapables d'épouser les mouvements du cheval.

La regrettée Sally Swift, célèbre créatrice de l'Équitation centrée, parlait de « regard doux », la position de la tête se corrigeant, dans ce cas, d'elle-même ; le cavalier gagne ainsi en équilibre et en liberté de mouvement. À l'inverse, s'il est raide et contracté dans son cou et sa tête, c'est l'ensemble du corps qui ne peut se décontracter, l'équilibre devient douteux et, par ricochet, celui du cheval lui-même est corrompu.

- **Stabilité de la tête.** La tête d'un homme pèse entre 5 ou 6 kg. Six kilos bloqués ou décalés ne semblent pas énormes, mais pour un cheval qui s'efforce de maintenir son équilibre sous son cavalier, ce report du poids peut avoir de sérieuses conséquences.

À titre d'illustration, on m'a un jour remis une boule de bowling de 6 kg montée sur un bâton, symbolisant une tête au bout d'un cou. J'ai été stupéfaite de constater à quel point j'avais du mal à équilibrer la boule. Cette expérience m'a fait prendre conscience de l'importance de mon port de tête pour ma monture.

Apprenez à vous détendre

Comprendre les difficultés de positionnement liées à des blocages psychiques est souvent compliqué. Une bonne assiette est le reflet d'un cavalier bien dans son corps ainsi que dans sa tête. La relaxation mentale induit la décontraction physique.

Une personne entrant en manège chargée de pensées négatives, préoccupée de tous les désagréments survenus ce jour, ou même il y a une semaine ou un mois, qui monte en grinçant des dents ou en crispant la mâchoire, qui s'inquiète de tout ce qui « pourrait » se passer, ne réussira jamais aussi bien qu'un cavalier souriant et confiant, entamant sa séance dans une attitude positive.

Placez l'assiette au premier rang de vos priorités

Une dernière réflexion s'impose au sujet de l'assiette. Beaucoup de gens sont convaincus qu'une bonne assiette, une fois acquise, l'est pour toujours. Ce n'est malheureusement pas le cas. Je connais une professionnelle au plus haut niveau qui consacre une séance par semaine à son assiette et à sa position, exclusivement. Car une bonne assiette s'entretient, comme une maison ou une voiture. Si l'on ne répare pas les petits problèmes, si l'on ne fait pas régulièrement la révision, elle tombera en ruines.

Avant de passer à autre chose, je répondrai à une question que vous vous posez peut-être : qu'en est-il des autres positions, comme la position en équilibre utilisée en saut d'obstacles ? C'est aussi l'un des fondamentaux d'une bonne équitation, mais avant de pouvoir maîtriser la position en équilibre vous devez d'abord poser les fondations, en établissant l'assiette de dressage, les jambes et les mains.

L' « INVENTION » DE L'ASSIETTE DE DRESSAGE

L'histoire de l'équitation classique n'a rien d'une route toute tracée. Il s'agit plutôt d'un chemin sinueux soumis à moult influences au fil des siècles. Chacun s'accorde à dire qu'elle a débuté avec l'auteur grec Xénophon en 400 avant J.-C. Depuis lors, de nombreux maîtres ont laissé leur empreinte sur l'art équestre.

Parmi eux, François Robichon de la Guérinière (1688-1751), à qui l'on attribue l'invention de la notion d'assiette de dressage. Cet écuyer français a écrit un livre publié en 1733 dans lequel il explique que le cavalier a besoin d'une bonne assiette pour que sa main soit moelleuse et légère (ça vous rappelle quelque chose ?). À ce jour, le travail quotidien de la célèbre École espagnole d'équitation repose encore en grande partie sur cet ouvrage.

Rien n'est pire que de s'échiner à apprendre pour finalement découvrir qu'on n'a pas appris ce qu'il fallait. Il est bien plus difficile de se débarrasser de mauvaises habitudes que d'assimiler les bonnes dès le début. Cela demande de la patience et beaucoup de volonté.

◀ Le calme, la concentration et la relaxation mentale du cavalier trouvent leur écho chez le cheval.

▲ L'indépendance des aides est indispensable pour devenir un cavalier bien équilibré et efficace.

LEÇON N° 3 La position des jambes

Une fois la question de l'assiette réglée, intéressons-nous à la place et au fonctionnement des jambes. N'en concluez pas que l'assiette peut être considérée totalement à part des jambes, mais la position de ces dernières a des spécificités qui nécessitent qu'on leur consacre du temps.

Le vocabulaire équestre

Avant de rentrer dans le vif du sujet, un mot sur la terminologie : la « jambe » en équitation n'est pas tout à fait l'équivalent de ce mot dans la plupart des contextes. Pour la majorité des instructeurs d'équitation, la jambe ne désigne en réalité que sa partie basse. La cuisse, en effet, ressort de l'assise.

Des jambes parfaites

Vous souvenez-vous de ces vieux westerns dans lesquels les cow-boys aux jambes arquées faisaient tinter les éperons en descendant la rue ? Certes, il n'est pas souhaitable d'avoir des jambes déformées par trop de temps passé en selle, mais un bon cavalier n'est pas tant assis sur le cheval qu'il n'enveloppe ce dernier de son assise et de ses jambes. Leur forme en selle doit rappeler celle d'un fer à cheval.

◀ Voici une bonne analogie pour les jambes et la façon dont elles doivent envelopper le cheval : pensez à des spaghetti *al dente*. Souples, mais avec un brin de fermeté. Il ne faut pas que les spaghettis soient crus (jambes raides comme du bois) ni trop cuits (jambes molles). Quand la jambe est en position correcte, pendant librement, le genou forme un angle qui lui permet d'avancer, de reculer, de se replier et de s'allonger.

Articulation de la hanche

L'articulation de la hanche doit être ouverte pour permettre une légère incurvation du plat de la cuisse jusqu'aux genoux, puis un bas de jambe enveloppant.

Orteils et genoux

Les orteils et les genoux doivent pointer vers l'avant, avec une infime rotation vers l'extérieur.

Talon

Le talon doit être élastique et plus bas que les orteils. Mais plus bas comment ? Cela dépend. Si vous êtes en position d'obstacle (voir leçon n° 5, page 53), le talon a tendance à s'abaisser plus nettement pour accommoder cet équilibre particulier. En dressage, la réponse dépend du mouvement que le cheval impartit au cavalier.

En effet, pour une allure brillante et énergique, le talon du cavalier doit monter et baisser en rythme. Le mouvement de la cheville est un signe que le cavalier utilise correctement cette articulation car, tout comme les genoux et les hanches, elle doit jouer le rôle d'amortisseur.

Pied

Le pied doit être chaussé jusqu'à la plante du pied (un peu plus profondément pour l'obstacle) et reposer de façon égale et légère sur les étriers.

DES ÉTRIERS À LA BONNE LONGUEUR

Quelle doit être la longueur des étriers ? C'est une question d'expérience, d'intention et de confort.

- Si vous montez avec une selle de dressage, l'étrier doit, en règle générale, tomber juste un peu en dessous de l'astragale, l'os en relief de la cheville. Avec une selle mixte, visez plutôt un étrier au même niveau que l'os.
- Si vous êtes un cavalier peu expérimenté, il est préférable de chausser un trou au-dessus de l'astragale, un étrier plus court étant toujours plus sécurisant.
- Pour ceux qui montent avec une selle d'obstacle, l'étrier, compte tenu de la position avancée de la selle, peut devoir être de 5 à 7 cm au-dessus de l'astragale.

En règle générale, les cavaliers qui luttent contre un manque d'élasticité des articulations (hanches, genoux, chevilles) doivent chausser court plutôt que long. Une fois la jambe fixe, il est toujours possible de rallonger d'un trou ou deux. Si vous hésitez quant à l'option qui vous convient, il vaut toujours mieux choisir le plus court.

Ce conseil n'est peut-être pas conforme à ce qui se pratique dans votre écurie : je vois bien plus de cavaliers de dressage chaussés trop long que trop court. Mais quand un cavalier cherche ses étriers, il est évident qu'il faut les raccourcir. Quand je procède à des ajustements de position chez un élève, je commence par raccourcir ses étriers dans la quasi-totalité des cas.

LES DÉFAUTS DE JAMBES LES PLUS FRÉQUENTS

Ceux qui commencent l'équitation ont l'impression que les étriers et les rênes les sauveront en cas de déséquilibre. Cela explique souvent que les cavaliers novices s'accrochent à leurs étriers (au point de recourber les orteils dans leurs bottes pour s'agripper) et à leurs rênes comme un homme à la mer à une bouée de sauvetage !

Mais une position équilibrée, avec une assiette liante et indépendante, est la clé de voûte de l'équitation. Si vous vous trouvez en difficulté à cheval, ce sont votre assise et vos jambes, et non vos étriers ni vos mains, qui vous sauveront la mise. Beaucoup des défauts de jambes les plus fréquents sont en fait les symptômes d'une assiette qu'il faut travailler.

On ne dira jamais assez qu'un bon équilibre dépend des trois principales articulations : hanches, genoux et chevilles. La raideur d'une ou de plusieurs de ces articulations est souvent à l'origine des défauts de jambes.

Genoux serrés

Une mauvaise position de la jambe commence souvent au genou. Lorsque le cavalier serre les genoux, il en résulte une pression vers l'intérieur sur la selle et un effet sur le cheval proche de celui qu'aurait une tenaille. Le genou serré empêche toute efficacité du bas de jambe et interdit au cheval de se mouvoir librement (sans compter que les jambes du cavalier vont fatiguer très rapidement).

Genoux ouverts

Le défaut inverse, c'est le genou qui s'ouvre et s'écarte de la selle. Souvent, on peut repérer le problème à la simple vue du cavalier marchant dans l'écurie, bien avant de l'observer à cheval. La personne qui prend appui sur l'extérieur du pied monte de même, le poids du pied reposant sur l'extérieur de l'étrier. Or, une jambe ne peut quasiment pas être efficace à cheval dans cette position.

Chevilles raides

Une articulation de la cheville raide et des muscles des mollets contractés poussent généralement à s'équilibrer sur l'avant du pied. Ce problème est aussi largement répandu chez les cavaliers chaussés trop long. Un cavalier qui monte sur la pointe des pieds a tendance à chercher son équilibre avec les genoux, ou, pire encore, avec les mains.

Position des pieds

Des genoux serrés amènent souvent le cavalier à chausser trop profond. Quand il exerce une pression sur la selle avec les genoux, il ne peut étirer le bas de jambe, ce qui le déséquilibre et l'empêche d'employer correctement ses jambes. Ce problème est plus marqué au galop : en tentant de rester sur le cheval, le cavalier s'agrippe avec les genoux, les talons remontent et les pieds s'enfoncent dans les étriers.

◀ Genoux serrés.

▲ Genoux ouverts.

▲ Chevilles raides.

▲ Mauvaise position des pieds.

LES SOLUTIONS AUX DÉFAUTS DE JAMBES

Pour la plupart des défauts de jambes, il n'y a pas de meilleure solution que de travailler à la longe. Un bon instructeur vous fera travailler sur l'indépendance de votre assise, conférant en même temps plus de souplesse à vos jambes.

Montez sans étriers

À la longe ou non, vous pouvez vous entraîner à déchausser les étriers pour voir combien de temps vous tenez une position correcte. Ce sera dur au début, mais c'est un élément clé des bases de l'équitation. Marcher, trotter assis et enlevé, voire galoper sans étriers, tout cela vous aidera beaucoup pour le positionnement et l'emploi des jambes.

Ouvrez vos hanches

Un autre exercice utile consiste à déverrouiller les hanches. Parmi les trois articulations importantes en équitation – hanches, genoux et chevilles –, les genoux et les chevilles sont des articulations en forme de charnière, et la hanche est une articulation sphéroïde. Elle est conçue pour pivoter, mais combien de fois par jour utilisons-nous vraiment la hanche telle que la nature l'a créée ?

Imaginez-vous assis en voiture, à votre bureau, ou vous promenant. La plupart du temps, nous traitons la hanche comme une articulation en forme de charnière, pivotant d'avant en arrière mais jamais d'un côté à l'autre.

Pour bien s'asseoir dans la selle et employer correctement les jambes, il faut ouvrir l'articulation de la hanche pour la laisser fonctionner comme la nature l'entend. Demandez à un aide au sol d'écarter avec précaution votre jambe pour débloquer la hanche, ou faites-le vous-même en montant les deux jambes devant vous pour serrer vos genoux l'un contre l'autre devant la selle.

En revenant en position, écartez vos jambes sur le côté tout d'abord, puis tendez-les vers le bas. Très probablement, vos étriers vous sembleront maintenant un brin trop courts. C'est le signe que vous avez déverrouillé

▲ Monter sans étriers est un excellent moyen de développer une bonne position des jambes.

▲ Attention, cet exercice est douloureux pour certaines personnes et, comme pour tous les entraînements, il importe de faire preuve de jugement et de bon sens. Tout inconfort plus que léger exige l'arrêt du mouvement.

◄ Je soupçonne que les cavaliers règlent leurs étriers trop longs dans l'espoir de ressembler à ces cavaliers de haut niveau aux longues jambes magnifiques. On croit que des jambes longues sont synonymes de bonne équitation de dressage. Mais observez attentivement, et vous noterez que ces cavaliers ont aussi un genou et une cheville élastiques, de sorte que leurs étriers ne sont pas aussi longs qu'il y paraît. La jambe est simplement bien descendue et semble ainsi plus longue.

l'articulation de vos hanches, enfoncé vos ischions plus profondément dans la selle, et que vous vous êtes rapproché un peu de la forme recherchée du fer à cheval.

Testez la position de vos jambes

Monter sans étriers est un excellent moyen de tester la position de vos jambes. Ce qui se passe ensuite en dit long sur leur véritable fonctionnement. Êtes-vous capable de maintenir une bonne position ou vos jambes ballottent-elles mollement ?

Si la pointe des pieds s'abaisse, les genoux se tendent et les jambes sont ballantes, ce qui signifie que le cavalier se sert des étriers pour les positionner. Les étriers ne doivent pas être plus que des repères pour les pieds, et les jambes doivent rester dans la même position, avec ou sans.

LES ÉTRIERS

Je ne vais pas me faire que des amis chez les fabricants et vendeurs d'articles de sellerie, mais réfléchissez à deux fois avant de mettre une fortune dans quelque étrier dernier cri. Les étriers compensés, articulés, etc., ne corrigent en rien les défauts de jambe.

Certains peuvent masquer la véritable cause du problème, très probablement l'assiette. Selon leur configuration, ils peuvent imposer mécaniquement une place au pied ou un angle à la cheville, ou offrir un effet d'amorti qui devrait venir de l'articulation. Votre argent sera peut-être plus sagement dépensé en leçons supplémentaires, et plus particulièrement en leçons en longe, qui s'attaqueront à la source du problème.

Une exception : les personnes souffrant de lésions des articulations ou d'autres problèmes tels que l'arthrite. Pour certains de ces cavaliers, des étriers spéciaux peuvent être utiles.

LEÇON N° 4

La position des mains

▲ Correctement positionnées, les mains sont un point sur une ligne droite reliant le coude au mors.

▲ Notez les doigts repliés, mais non crispés, et la rêne tenue bien ajustée entre l'annulaire et l'auriculaire.

Pour une bonne position en selle, les mains sont les dernières pièces du puzzle. Les rênes forment le lien avec la bouche du cheval ; elles doivent donc rester sous le contrôle du cavalier et non à la merci du mouvement de sa monture. On ne saura jamais assez dire l'importance de la position et de l'action des mains.

Une position précise

Les mains doivent être tenues pouces en dessus, verticales, sur une ligne droite reliant la bouche du cheval au coude du cavalier. En dessous, les rênes passent derrière l'annulaire et l'auriculaire repliés, près de la jonction entre les deux. En dessus, les pouces reviennent comme un clapet sur les rênes, tenues entre le pouce et l'index.

Pourquoi cette position ? C'est la ligne la plus directe, la moins « parasitée », pour communiquer avec le cheval par le truchement des rênes et pour garder un contact constant. Tant que la position des mains n'est pas un acquis solide, le cavalier peine à transmettre ses messages à sa monture (pour plus d'informations sur les aides de main, voir leçon n° 8 page 73).

LES DÉFAUTS DE MAIN LES PLUS RÉPANDUS

Quiconque dénigre le manque de créativité des cavaliers n'a jamais vu toute l'imagination que nous déployons quand il s'agit de défauts de main ! Il ne manque pas de possibilités de maladresses : doigts, poignets, coudes, épaules… Et, semble-t-il, tous les points intermédiaires.

Doigts ouverts

Les doigts ouverts sont probablement l'erreur la plus fréquente de toutes. J'ai même envisagé d'installer dans notre manège un panneau lumineux indiquant : FERMEZ LES DOIGTS !

Doigts ouverts, le cavalier est dans l'incapacité d'entretenir un dialogue cohérent avec sa monture. Imaginez qu'il est au téléphone portable dans sa voiture au beau milieu de la campagne : chaque fois que les doigts s'ouvrent sur les rênes, c'est comme si le réseau cessait momentanément de passer.

Or, si vous raccrochez régulièrement au nez de votre cheval, vous n'avez aucune chance de tenir une conversation productive… Au bout de quelque temps, le cheval cessera de répondre tout simplement parce qu'il ne peut tirer aucun sens de cette discussion interrompue en permanence. À l'inverse, avec les doigts fermés, le signal clair, fort et permanent invite au vrai dialogue.

Quelle pression la main doit-elle exercer ? « Prendre les rênes du bout des doigts, c'est tenir un oiseau dans le creux d'une main, sans trop serrer pour ne point l'étouffer, sans trop l'ouvrir pour ne pas le voir s'envoler. » Moult instructeurs se servent de cette analogie pour faire comprendre la pression qu'il convient d'exercer. Ne tuez pas votre petit oiseau, mais ne le laissez pas non plus s'échapper !

• **La solution.** Pour guérir du syndrome des doigts ouverts, il faut que le cerveau du cavalier le sollicite constamment pour lui intimer de garder les doigts fermés, ou qu'un instructeur le rappelle fréquemment à l'ordre jusqu'à ce que la bonne habitude se soit ancrée. Une petite astuce qui peut aider : tenir dans la main (avec les rênes) de petits cailloux, qui serviront d'aide-mémoire et rappelleront au cavalier qu'il doit garder les mains fermées s'il ne veut pas les laisser échapper. Plus il en tombe souvent, plus il desserre souvent les doigts, bien entendu. S'il ne perd les cailloux que d'une main, cela signifie que cette dernière est sans doute moins musclée que l'autre.

Mains en guidon de vélo

Par « mains en guidon de vélo » – un grand classique des défauts de main – on entend des mains tournées vers le sol, comme si le cavalier tenait un guidon. Dans cette position, les coudes s'écartent automatiquement du tronc ; les mains sont insensibles et dures. Le cavalier n'utilise pas correctement ses bras, voire tout son corps, dans ses aides, car cette position contracte les avant-bras, les coudes et même les épaules.

Des aides correctes exigent la sensibilité des mains et des poignets, une bonne connexion avec des coudes articulés, le tout nécessitant la souplesse des bras, du poignet à l'épaule. Voilà pourquoi les instructeurs s'échinent à exiger que les pouces soient bien positionnés au-dessus.

▲ Doigts ouverts.

▲ Une solution pour se débarrasser de cette mauvaise habitude : tenir de petits cailloux.

▲ Mains en guidon de vélo.

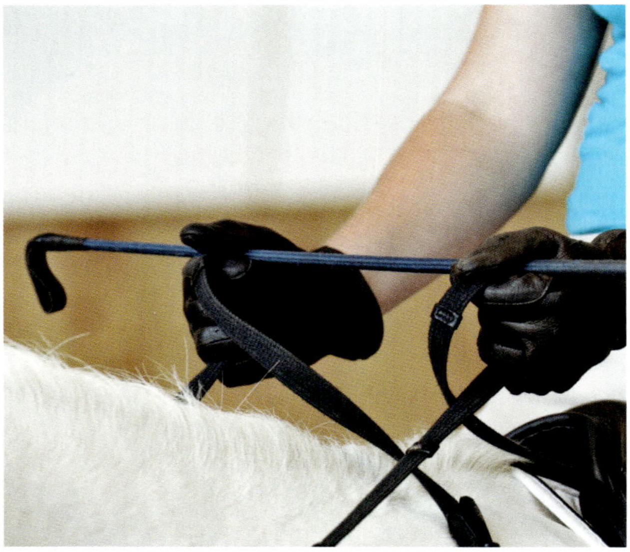

▲ Essayez de vous débarrasser de cette mauvaise habitude en vous imaginant portant un plateau apéritif.

• **La solution.** Imaginez-vous portant un plateau chargé de boissons, c'est un excellent moyen de bien positionner vos mains dans la bonne position. Cela fait, demandez à quelqu'un de glisser une cravache sous vos pouces. Visualisez-la comme s'il s'agissait du plateau que vous ne pouvez incliner sous peine de renverser tous les verres. Cet exercice aide à trouver la position des coudes, légèrement au contact de la cage thoracique, avec les mains au même niveau, pouces en l'air.
Les changements de direction sont difficiles pendant cet exercice ; évitez donc les déplacements complexes.

Poignets rigides ou cassés

On pourrait croire ces deux adjectifs antinomiques ; pourtant tous deux évoquent un cavalier sans mobilité au niveau des poignets, comme plâtrés. Un poignet cassé entraîne toujours un mauvais contact avec le cheval, car le rapport main-bouche *via* les rênes s'interrompt ici, interdisant la circulation des informations jusqu'au coude et à l'épaule.

• **La solution.** La résolution de ce problème exige de la créativité. J'ai connu un certain succès en demandant à un cavalier qui tenait mal ses rênes d'enlever

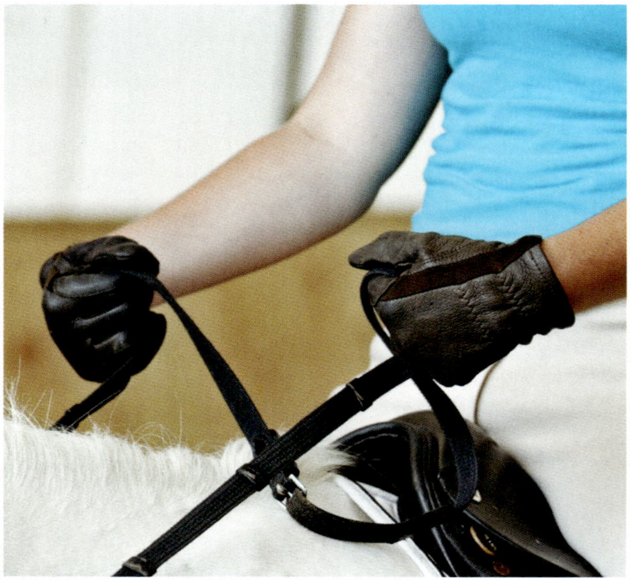

▲ Poignets rigides ou cassés.

▲ Un pense-bête visuel peut vous aider à redresser vos poignets et à les tenir correctement.

ses gants, puis en dessinant au marqueur lavable une ligne partant du haut du poignet, passant sur la tranche de la main et le pouce et se terminant par une flèche pointée vers l'ongle du pouce, qui doit se trouver dans le prolongement de la ligne de la rêne à la bouche du cheval. Il n'a pas tardé à se rendre compte par lui-même que la flèche pointait généralement partout sauf vers la bouche du cheval.

Coudes bloqués

Une position des mains figée est souvent provoquée par des coudes bloqués. Des articulations manquant à ce point d'élasticité empêchent le cavalier d'accompagner le mouvement du cheval, et occasionnent donc malheureusement des « coups de sonnette » dans la bouche. Bien souvent, le cavalier n'a pas du tout conscience que ses mains et ses coudes sont quasiment pétrifiés.

• **La solution.** Demandez à quelqu'un de tenir physiquement le coude du cavalier et de lui imprimer un mouvement accompagnant le contact avec la bouche du cheval. Le coude bloqué se déverrouille ainsi et la lumière se fait dans l'esprit du cavalier.

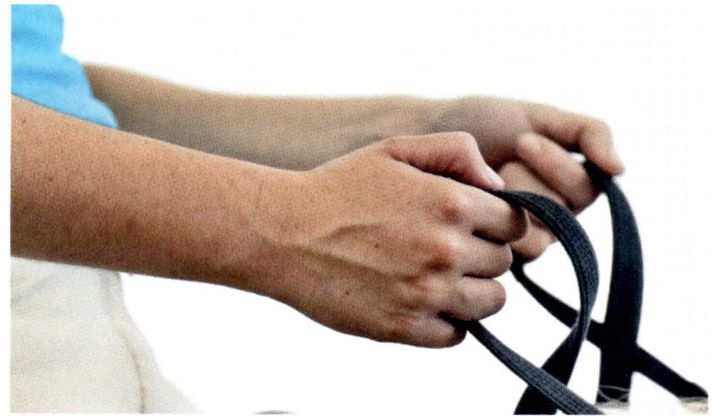

Il faut parfois répéter cet exercice plusieurs fois sur une seule séance, et sur plusieurs cours, mais il est impératif que le cavalier ressente l'élasticité du contact par le jeu du coude.

Attention à vos pouces

Lorsque l'on s'efforce de développer un contact moelleux et élastique, un réglage remarquablement minime – un simple changement de position du pouce – peut avoir des conséquences très importantes. En effet, quand les pouces sont fermés sur le plat des rênes,

▲ Coudes bloqués.

▲ Exercice d'assouplissement pour les coudes rigides.

les bras ont tendance à se contracter. Un léger pli du pouce, l'ongle pointé très légèrement vers la rêne, décontracte l'ensemble du bras, qui devient plus léger. Cet infime changement, par ses répercussions sur la bouche du cheval, a parfois un immense impact sur l'acceptation du contact chez lui et sur sa sensibilité aux aides.

Ne traversez pas l'encolure

Parmi la multitude des mauvaises habitudes concernant les mains, traverser l'encolure est l'une des pires. L'action sur le mors et donc sur la bouche du cheval, qui en résulte lui envoie des signaux mixtes et confus.

Le cheval n'a pas d'autre choix que de contracter l'encolure et de l'incliner au niveau de la nuque. Pour vous défaire de cette habitude, imaginez un mur de verre courant le long de la crinière. Les mains peuvent aller toucher le mur mais en aucun cas le franchir.

▲ Ne traversez pas l'encolure.

AJUSTEZ VOS RÊNES

La première condition *sine qua non* pour maintenir un contact moelleux *via* les rênes, c'est de les tenir à la bonne longueur. Si vous ouvrez la main pour avancer sur la rêne, vous perturbez le contact que vous aviez tenté jusque-là de garder constant. Vous risquez aussi d'inciter votre monture à accélérer brutalement, puisque vous venez en quelque sorte de lui ouvrir grand la porte.

La bonne méthode pour raccourcir ses rênes réside dans la technique que j'appelle le « pincer-glisser ». Si les deux rênes sont trop longues, pincez une rêne de la main opposée, glissez la main tenant la rêne jusqu'à la longueur qui vous semble correcte puis répétez l'opération de l'autre côté. Si vous n'avez qu'une rêne à raccourcir, contentez-vous de pincer celle-ci de la main opposée et de faire remonter dessus la main qui la tient.

Si les rênes sont trop courtes, ouvrez légèrement les doigts pour en laisser glisser un bout puis refermez les doigts pour raffermir votre prise.

LEÇON N° 5 La position en équilibre

Au grand dam des élèves du monde entier, la définition et les attentes des instructeurs et des ouvrages varient subtilement quand ils parlent de « position en équilibre », de « position en suspension », de « position deux points »... D'autres moniteurs et d'autres livres encore, en revanche, utilisent indifféremment l'une ou l'autre de ces expressions.

Pour les besoins de cet ouvrage et pour une compréhension plus globale du concept, l'expression « position en équilibre » est probablement la plus adaptée (et la plus utilisée aujourd'hui), puisqu'elle suggère au mieux la position équestre réellement visée : une position qui transfère une partie du poids du corps de l'assise vers les jambes. Toutes les autres expressions ne sont que des variations autour de cette même idée première.

Quelle est son utilité ?

En équilibre, le cavalier soulève son assise de la selle en faisant peser son poids sur les étriers et sur les cuisses, pour se faire plus léger dans la selle. Plus de poids sur les jambes équivaut à moins de poids dans la selle.

La plupart des gens assimilent la position en équilibre à l'univers de l'obstacle, à juste titre car c'est effectivement de là qu'elle vient. Un écuyer italien du nom de Federico Caprilli (1868-1907) a révolutionné le saut d'obstacles en prouvant qu'elle constituait la position la plus adaptée pour sauter. Elle donne en effet au cheval la liberté dont il a besoin pour franchir l'obstacle avec une efficacité optimale, et au cavalier l'équilibre et le soutien dont il a besoin pour garantir sa sécurité sans gêner sa monture.

◄ On peut se mettre en équilibre même dans une selle de dressage, pour soulager le cheval de son poids.

QUAND DOIT-ON SE METTRE EN ÉQUILIBRE ?

Il faut adopter cette position quand on saute, bien évidemment, mais elle a d'autres usages importants même sans la moindre barre en vue. Les instructeurs la demandent fréquemment quand ils cherchent à améliorer la position de base d'un cavalier, son équilibre et son contrôle, ou encore pour travailler un cheval sur le plan athlétique et gymnastique.

Dans la plupart des situations de travail et d'enseignement, point n'est besoin d'une selle d'obstacle pour se mettre en équilibre. Les étriers d'une selle de dressage doivent toujours être réglés de manière à permettre au cavalier de se mettre légèrement en équilibre sans difficulté.

Les bienfaits pour le cavalier

Pour le cavalier, le travail en équilibre a de nombreuses vertus. Cette position mobilise en effet d'autres groupes musculaires et demande un meilleur équilibre sur le dos du cheval. Comme je l'ai déjà évoqué dans la leçon sur l'assiette de dressage (page 34), les chevilles, les genoux et les hanches jouent un rôle d'amortisseur. Faute d'élasticité à ce niveau, le cavalier se trouve sans cesse confronté à des problèmes, dont un équilibre instable et des aides inefficaces.

La position en équilibre l'aide à abaisser les talons, à assouplir les chevilles, à développer la mobilité de ses genoux, avec des hanches plus ouvertes et plus souples, et lui apprend à rester stable sur ses pieds.

La transition du trot enlevé au trot en équilibre (et vice versa) fait travailler et améliore l'équilibre comme la coordination du cavalier.

Les bienfaits pour le cheval

Une position légèrement en équilibre (qui consiste à soulager le dos du cheval en prenant un peu plus de poids sur les jambes et le haut des cuisses et en se soulevant de la selle) donne au jeune cheval une bonne liberté de mouvement et la latitude de trouver son rythme naturel. Les chevaux raides ou âgés peuvent aussi être détendus dans cette variante de la position en équilibre, qui permet à leur dos le temps de s'échauffer avant d'avoir à gérer en sus le poids du cavalier.

Le cavalier peut aussi se mettre légèrement en équilibre pour travailler sur des barres au sol, des cavaletti, en côte ou en promenade. Le cross-training, c'est-à-dire un travail diversifié, repose sur l'idée que tout cheval est mieux dans son corps et dans sa tête s'il travaille avec des exercices et dans des cadres variés. L'alternance entre la position assise et en équilibre ouvre la porte à d'innombrables possibilités.

À GAUCHE : On peut se mettre légèrement en équilibre simplement pour soulager un moment le dos du cheval.
À DROITE : Dans la position en équilibre plus prononcée, le cavalier se lève complètement de la selle tandis que les hanches, les genoux et les chevilles se déploient et se plient en rythme avec le mouvement du cheval. Cette variante est utilisée pour les lignes d'obstacles, pour le galop et le saut en cross-country.

LA POSITION EN ÉQUILIBRE CORRECTE

Le cavalier cherche parfois à rester hors de la selle en contractant les muscles de ses jambes en serrant les genoux ou en se campant sur ses pieds, toutes erreurs qui détraquent son équilibre. Comme dans l'assiette de dressage, le cavalier doit se trouver au point d'équilibre de sorte que si le cheval disparaissait comme par enchantement, il tomberait debout par terre et non la tête la première ou les quatre fers en l'air. Pour nous faire une idée précise d'une bonne position en équilibre, étudions individuellement chaque articulation.

- **Le talon** est généralement plus bas en équilibre qu'en assiette de dressage. Imaginez-vous plutôt appuyant souplement sur vos talons que remontant les orteils ou verrouillant les talons en bas. Le pied peut être chaussé un rien plus profond qu'en assiette de dressage, mais le poids est toujours également réparti sur toute la surface du plancher de l'étrier.
- **Le genou** ne doit pas serrer la selle mais simplement être fermement plaqué contre elle. Imaginez-vous la différence entre tenir un grain de raisin entre les doigts et le presser si fort que le jus et les pépins en jaillissent.
- **La hanche** doit former un angle correspondant plus ou moins à l'angle du genou. Ces deux articulations dépendent intrinsèquement l'une de l'autre, de sorte que si l'angle de la hanche s'ouvre, celui du genou doit s'ouvrir dans la même mesure, et vice versa.
- **Le dos** est droit, les yeux regardent au loin devant soi. Le regard jouant toujours un rôle majeur sur la position, il est impératif de ne regarder ni par terre ni le cheval.
- **Les rênes** forment toujours une ligne droite reliant le mors et les coudes en passant par les mains, mais elles doivent dans ce cas être un peu plus courtes pour que cette ligne reste droite.

Une selle de dressage permet de se mettre légèrement en équilibre, mais si elle est dotée de gros taquets avant ou arrière, la variante plus extrême de cette position sera difficile à obtenir. La position en équilibre est plus facile dans une selle mixte ou d'obstacle, toutes deux laissant largement la place aux jambes quand elles se contractent et avancent au niveau des genoux.

▲ Une bonne position en équilibre permet au cavalier de rester stable sur le cheval et de bien l'accompagner pendant le saut.

LES DÉFAUTS DE POSITION LES PLUS COURANTS EN ÉQUILIBRE

▲ En retard sur le mouvement.

▲ En avance sur le mouvement.

Pour une bonne position en équilibre, le cavalier doit se servir de ses hanches en en faisant activement jouer leur articulation. Et ce jusqu'à ce que le mouvement devienne automatique, pour s'incliner dans la position en équilibre avec facilité et rester stable sur le cheval. Voici les défauts les plus couramment observés dans cette position.

En retard

Dans ce cas, le bas de jambe est généralement trop en avant, le poids trop lourd dans la selle et le cavalier a tendance à tirer sur les rênes. Pour vérifier votre position jetez un bref coup d'œil vers le bas, vous ne devriez voir que l'extrême pointe de votre botte devant votre genou. Si vous pouvez voir vos orteils ou plus, vous êtes très probablement chaussé trop long et en retard sur le mouvement.

En avance

Quand le cavalier précède le mouvement, le bas de jambe glisse en arrière, les talons remontent et l'assiette est trop portée vers l'enfourchure, voire au-delà. Vérifiez que vous n'êtes pas au-dessus du pommeau (l'avant de la selle), ce qui n'est pas souhaitable.

Vous devez vous trouver au-dessus du siège de la selle. Si vous êtes trop en avant, vos étriers sont peut-être trop courts ou trop longs. Trop courts, le cavalier est trop loin de la selle et le bas de jambe glisse en arrière pour faire contrepoids. Trop longs, ils renvoient également la jambe vers l'arrière, le cavalier tombant sur l'encolure du cheval.

Dos rond

Nombreux sont les cavaliers qui se plient au niveau de la taille mais sans faire jouer l'articulation de la hanche.

Il est nécessaire d'essayer cet exercice à l'arrêt (ou même à pied) : inclinez-vous en pliant l'articulation de la hanche jusqu'à ce que vous sentiez vos muscles ischio-jambiers tirer et vos quadriceps s'étirer. À ce moment-là, votre hanche est correctement inclinée.

Fesses en arrière

À l'autre bout du spectre, les cavaliers qui mobilisent l'articulation de la hanche au point de verrouiller le bassin en rétroversion provoquent une cambrure du dos.

Pour résoudre ce problème, essayez de décontracter le creux du dos et de ne pas forcer sur l'articulation de la hanche.

▼ Dos rond.

▲ Fesses en arrière.

Solutions aux défauts de position en équilibre

Pour trouver un bon équilibre, le cavalier doit s'entraîner en alternant position en équilibre et position assise sur sa monture à l'arrêt. Le cheval immobile, habituez-vous à vous lever de la selle et à rester en équilibre quelques minutes.

C'est l'équilibre *sans* le mouvement. Au fur et à mesure que l'exercice vous devient plus aisé, essayez de trouver votre juste équilibre en mouvement. Tentez d'abord au pas, puis au trot, et enfin au galop. C'est une des positions les plus agréables mais qui nécessite de l'entraînement !

LES AIDES

0014

LES AIDES

« Aide » est un terme qui peut laisser perplexe, particulièrement le cavalier débutant. C'est l'outil dont nous disposons pour communiquer avec le cheval et lui demander de faire ce que nous souhaitons. Cette communication « aide » le cheval à mieux se déplacer.

Le cavalier dispose de trois aides naturelles : le poids du corps (l'assiette), les jambes et les mains. Les aides artificielles, qui viennent renforcer les aides principales, sont le stick ou la cravache, la voix et les éperons. Il est primordial de comprendre l'ordre des aides. L'assiette est la première ; viennent ensuite les jambes, puis les mains, suivies, le cas échéant, par la cravache, les éperons ou la voix, ou n'importe quelle combinaison de ceux-ci.

Une communication harmonieuse

L'emploi correct des aides implique des variations d'intensité et de placement, de même que des degrés divers de subtilité et de complexité. On pourrait les comparer à un orchestre symphonique : chaque aide représente un instrument de l'orchestre. Chaque musicien doit jouer le même morceau et suivre la même page de la partition, mais chacune a sa propre partie et son propre moment pour jouer de concert avec les autres. Parfois, une aide doit jouer en solo, avec l'orchestre en fond. Il y a des temps pour des aides fortissimo et d'autres pour des aides pianissimo.

La beauté de la musique éclate quand tous les musiciens œuvrent ensemble pour lui donner vie, dans une harmonie virtuose. Il en va de même pour des aides correctes, le cerveau du cavalier les conduisant toutes tel un chef d'orchestre de génie. La « musique » que l'on joue avec les aides, c'est peut-être là l'explication la plus profonde du plaisir que l'on tire de l'équitation. C'est dur, mais quand la partition est bien jouée, c'est magnifique.

Un langage universel

L'objectif d'une belle harmonisation des aides est exprimé dans le règlement de la FEI, dans le préambule sur le dressage : « Le dressage a pour but le développement du cheval en un athlète heureux au travers de l'éducation harmonieuse. […] Le cheval donne l'impression de se mouvoir par lui-même […] Le cheval obéit volontiers, et sans hésitation, avec calme et précision aux différentes actions des aides, manifestant un équilibre naturel et harmonieux tant physiquement que moralement. »

Il en va de même pour toutes les disciplines équestres, et pas seulement pour le dressage. Les aides sont identiques pour toutes les disciplines car elles s'inspirent de la nature même du cheval. L'éthologie équine (science du comportement des chevaux) s'appuie sur la biologie et la physique pour appréhender le cheval. Tout comme les chiens aiment qu'on les caresse, les chevaux répondent universellement aux stimuli qu'on appelle « aides ».

▶ **Ici, la cavalière est prête à employer toutes ses aides : l'assiette, les jambes, les mains, le stick, les éperons et la voix.**

Les aides, outils de communication

Les mouvements du corps, délibérés ou involontaires, transmettent de nombreux messages. Pour contrôler le cheval, il faut avoir la maîtrise de son propre corps et de son discours. Pour comprendre l'importance de cela, imaginez-vous essayant de jouer de la musique avec un chroniqueur musical derrière votre dos, critiquant la moindre de vos notes : « Un peu plat sur la dernière… Le tempo est trop rapide. Non, maintenant c'est trop lent. La respiration ne va pas… » Même si vous n'êtes pas musicien, vous imaginez bien à quel point ce serait énervant.

Le travail du cavalier consiste en partie à éviter d'assommer le cheval d'un flux constant de critiques, en veillant à ce que les messages des aides restent cohérents et précis. S'il ne contrôle pas son assiette, ses jambes et ses mains, il envoie toutes sortes de messages perturbants et confus. Les aides elles-mêmes doivent être brèves et intenses pour être claires, mais quasiment, voire complètement, imperceptibles à l'œil d'un observateur.

INTÉRIEUR/INTERNE, EXTÉRIEUR/EXTERNE, GAUCHE ET DROITE

Parmi les nouveautés qui font partie de l'apprentissage du débutant, il y a les terminologies : intérieur (ou interne) et extérieur (ou externe), qui implique de connaître la différence entre la piste à main gauche et la piste à main droite.

La première et la plus simple de ces définitions est la suivante : quand le cavalier marche sur la piste du manège, l'intérieur désigne le côté le plus proche du milieu du manège. Piste à main gauche, son côté gauche (et celui du cheval) se trouve à l'intérieur, vers le milieu du manège. Le côté droit est le côté extérieur, vers la lice ou le pare-botte. Quand il change de sens (de « main »), il prend la piste à main droite.

Tout exercice qui comporte une courbe a également un côté intérieur et un côté extérieur. Sur la courbe, intérieur fait référence à l'intérieur de la courbe. Par exemple, sur un cercle, le côté intérieur est le plus proche du centre du cercle.
(voir encadré page 95 pour en savoir plus sur la notion de piste.)

Les aides involontaires

Quand il apprend l'emploi correct des aides, le cavalier apprend à influencer le cheval. Certains cavaliers novices s'étonnent souvent de découvrir à quel point les chevaux captent leurs pensées et leurs émotions, tout particulièrement quand ils sont anxieux ou soucieux. Pourtant, cela ne devrait pas être une surprise : des muscles qui se contractent, des genoux qui se serrent, des mains qui s'agrippent révèlent clairement au cheval que son cavalier est tendu ou angoissé, ou encore qu'il manque de confiance.

Le spectre des aides

Dans le processus de l'apprentissage des aides, le cavalier va utiliser tout le spectre de leurs actions : il y a les actions positives, mais il y a aussi les actions négatives et celles simplement neutres.

- **L'action négative des aides :** le cavalier peut facilement bloquer le mouvement du cheval, par exemple en s'asseyant trop lourdement ou de guingois dans la selle, ou en ne manifestant aucune sensibilité aux réactions du cheval.
- **L'action neutre :** le cavalier se contente de suivre, librement et naturellement, sans bloquer l'énergie ni inhiber le mouvement du cheval.
- **L'action positive :** l'action véritablement réfléchie et aboutie des aides. Le cavalier est capable de transférer délibérément son poids vers la gauche ou la droite, l'avant ou l'arrière, pour envoyer des informations précises à sa monture. Il utilise ses jambes pour exercer le degré nécessaire de pression au bon moment. Il emploie ses mains pour restreindre ou autoriser le mouvement en avant avec intelligence, coordination, doigté et tact.

L'assiette est la première des aides ; viennent ensuite les jambes, puis les mains, suivies, le cas échéant, par la cravache, le stick, les éperons ou la voix, ou n'importe quelle combinaison de ceux-ci.

LEÇON N°6 L'assiette et le poids du corps

Pour comprendre l'assiette et le poids du corps en tant qu'aides, il faut se pencher sur la biomécanique du cavalier et du cheval. Le cavalier a souvent du mal à saisir à quel point le corps du cheval est sensible. Comment un infime report du bassin, déplaçant à peine quelques kilos d'un côté à l'autre, peut-il influencer la locomotion d'un cheval d'une demi-tonne en moyenne ?
Pensez à une mouche se posant sur son dos. Non content de remarquer cet insecte au poids pourtant infinitésimal, il est capable de la faire partir d'un tressaillement du carré de peau précis où elle est posée.

Le poids

Si petit et si fin que puisse être le cavalier, et si subtil que puisse être le transfert de poids, il reste bien plus lourd qu'une mouche. Il est certain que votre cheval vous sent, et le moindre transfert de poids, même au travers de la selle, joue énormément sur son déplacement.

Bien sûr, l'assiette ne peut être efficace tant qu'elle ne fait pas partie des bases acquises, comme nous l'avons abordé au chapitre 2. Une fois qu'il possède une bonne assiette, le cavalier peut travailler sur son emploi et s'efforcer d'influencer le cheval par de subtils transferts de poids.

L'utilisation des ischions

Si vous n'êtes pas certain de savoir localiser vos ischions, commencez par vous asseoir sur une chaise dure. Asseyez-vous les mains sous vous, paumes à plat contre la chaise. Vous allez sentir vos ischions s'enfoncer dans le dos de vos mains. Tortillez-vous un peu : vous allez vite comprendre le report de poids sur les ischions ou la bascule de l'un à l'autre.

L'emploi de l'assiette et du poids comme aides peut se diviser en trois grandes catégories :

- **Augmentation** du poids qui pèse sur les ischions
- **Allégement** du poids sur l'un d'entre eux
- **Report** du poids sur l'un d'entre eux

De nombreux instructeurs font référence à un cadran d'horloge pour aider leurs cavaliers à comprendre comment utiliser ces trois catégories d'aides de poids. Imaginez-vous assis sur un cadran d'horloge. Le pommeau (l'avant) marque midi, le troussequin (l'arrière), six heures, l'ischion droit, trois heures, et l'ischion gauche, neuf heures. La position assise au milieu de la selle, le poids également réparti, est la position neutre.

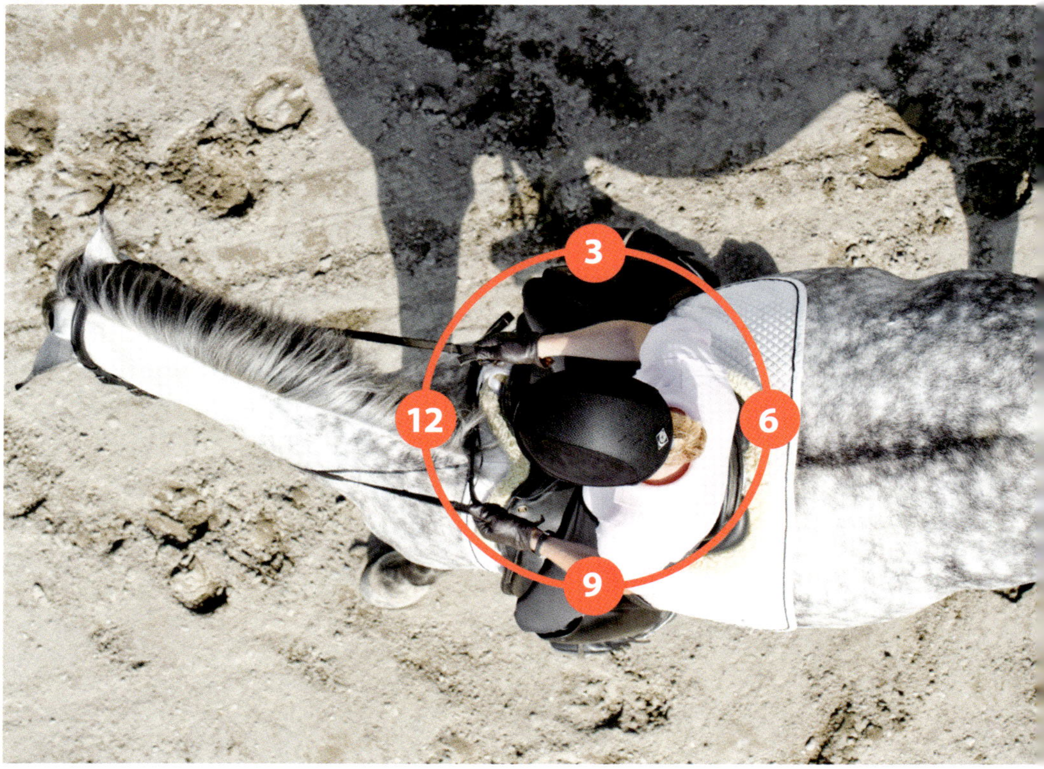

▲ Imaginez vos aides de poids comme si elles étaient réparties sur le cadran d'une horloge : midi, c'est le pommeau, 6 heures, le troussequin, 9 heures, votre ischion gauche et 3 heures, votre ischion droit.

POUR DES AIDES D'ASSIETTE EFFICACES

Un cheval bien dressé et son cavalier qui emploie correctement ses aides d'assiette (associées à ses aides de jambe et de main) forment une « parfaite harmonie » avec son cavalier telle que le décrit la FEI dans sa définition de l'objectif ultime du dressage.

L'efficacité des actions dépend de la façon dont le cavalier gère l'équilibre, en perpétuel changement, du cheval. Ces variations d'équilibre influencent le cavalier, dont les variations d'équilibre influencent à leur tour sa monture. À moins qu'ils ne soient tous deux aussi immobiles que des statues, la relation d'équilibre est un échange constant.

Définir les aides

Voici quelques autres points à ne pas oublier :

- Pour utiliser ses aides de poids, le cavalier doit avoir la maîtrise de son corps.
- Les aides de poids, quand elles sont correctement utilisées, favorisent la bonne locomotion du cheval.
- Dans le contexte classique, les aides de poids sont essentiellement utilisées pour inciter au mouvement en avant.
- Les aides propulsives sont toujours plus importantes que les aides de retenue (comme les mains).

Augmenter le poids

Le report du poids du corps à 6 h, par l'augmentation du poids sur les deux ischions, envoie au cheval un petit signal de freinage. Ce transfert du poids, combiné à une jambe qui envoie en avant (nous reviendrons sur les aides de jambe dans la prochaine section) vise à stimuler l'activité des postérieurs. Le report du poids en arrière est utilisé dans les demi-arrêts (voir leçon n° 29, page 178), dans toutes les transitions et dans l'arrêt. Dans cette utilisation de l'assiette, le haut du corps reste redressé mais vous engagez vos muscles posturaux et vous vous faites plus lourd dans la selle.

Alléger le poids

Alléger le poids sur les ischions revient à le transférer vers le pommeau, à midi. Parfois décrite comme légère, cette position envoie naturellement le cheval en avant.

Un exemple : l'allégement de l'assise après un demi-arrêt, qui va de pair avec le signal d'impulsion de la jambe. Cet allégement peut aussi servir pendant la détente ou pour monter de jeunes chevaux, dans l'idée de soulager un peu le dos du cheval.

▲ Alléger le poids.

▲ Augmenter le poids.

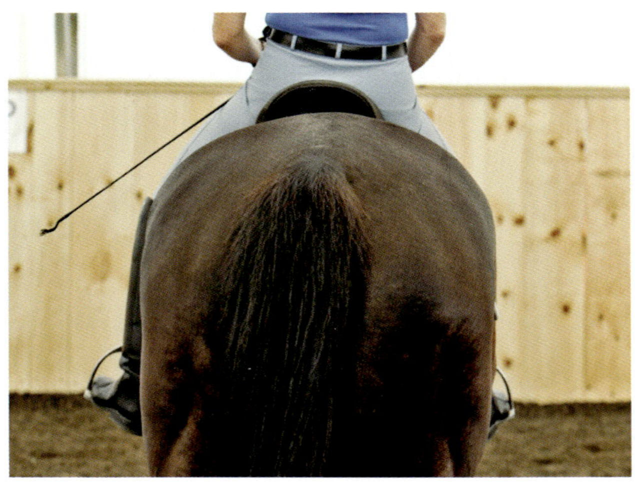

▲ Transférer le poids sur un ischion.

Un cavalier s'asseyant « à midi » reste assis mais en pesant un peu plus sur les cuisses et dans les étriers. Le degré d'allégement dépend de la quantité de poids transférée des ischions sur les cuisses et les étriers (voir leçon n° 5, page 53).

Transférer le poids sur un ischion

Dans ce cas, le cavalier transfère son poids soit sur l'ischion droit (3 heures), ce qui allège le poids à gauche, soit sur l'ischion gauche (9 heures), ce qui allège le poids à droite. Le report sur l'un ou l'autre des ischions entraîne un léger abaissement de la hanche et du genou ainsi que le report de plus de poids sur l'étrier du même côté.

Le mouvement est subtil, mais cette action est essentielle dans les courbes et les tournants qui recourent aux aides de poids et de jambe, par opposition à l'emploi des seules rênes comme aides de direction.

Le cavalier se sert aussi des aides de poids dans les déplacements latéraux et, également pour indiquer au cheval la direction, la cadence et les transitions entre allures. Par exemple, un cavalier au trot de travail qui prévoit de prendre le galop piste à main gauche peut utiliser la position à 6 heures dans un demi-arrêt (en préparation au galop), puis un report du poids, combiné à des aides de jambe, à environ 10 heures, pour demander au cheval le galop sur le pied gauche.

J'ai pu m'apercevoir que l'apprentissage des aides de poids dans les départs au galop était un grand moment pour les élèves, et une excellente illustration du pouvoir d'une assiette correctement employée. Le premier départ au galop sur une action des aides de poids est habituellement suivi d'exclamations enthousiastes !

Le cheval vous sent assurément, et le moindre transfert de poids, même au travers de la selle, influence énormément son déplacement.

LES ERREURS DANS L'ACTION DES AIDES DE POIDS

L'assiette trop lourde

Une erreur courante dans les aides de poids est celle qui consiste à se pencher en arrière et à s'asseoir en se contractant, genoux remontés et bas de jambe en avant. Certains cavaliers adoptent cette position en pensant à tort envoyer ainsi le cheval en avant, alors qu'ils ne font qu'enfoncer les ischions dans la selle. Le dos ne doit pas passer derrière la verticale.

Vous verrez cette faute quand un cavalier reste bloqué à 6 heures, pesant lourdement sur ses ischions (souvenez-vous que dans ce contexte « lourdement » ne doit pas être pris au sens littéral du terme, on parle ici du poids du cavalier qui s'enfonce dans les ischions ou au contraire s'en éloigne, et non de son poids global sur le cheval).

Hanches et bassin bloqués

Autre erreur courante, le cavalier qui reste sur midi à cause de hanches et d'un bassin bloqués. Ce verrouillage creuse le dos et force le cavalier à serrer les cuisses. Malheureusement, au lieu de dire au cheval d'aller de l'avant, cette position se traduit par un signal d'arrêt et inhibe le mouvement.

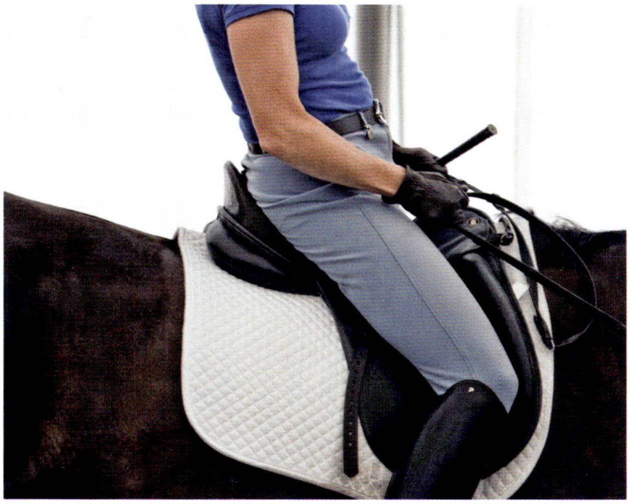

▲ Assiette trop lourde.

▲ Hanches et bassin bloqués.

LEÇON N° 7

Les aides de jambe

En règle générale, j'ai pu m'apercevoir que les cavaliers novices étaient conscients que les jambes étaient un outil de communication avec leur monture, mais qu'ils ne comprenaient pas les différents usages qu'ils pouvaient en faire et les différents messages qu'elles envoyaient.
« Mets des jambes ! »
« Garde-le devant tes jambes ! »
« Tiens-le droit dans tes jambes ! »
« Garde-le dans le couloir des jambes ! »

C'est un peu comme s'ils étaient en vacances à l'étranger et savaient demander leur chemin à cela près qu'ils ignoraient comment on dit « droite » et « gauche » dans la langue du pays. De même, quand un instructeur parle des aides de jambe, le cavalier comprend bien qu'il s'agit de transmettre sa volonté au cheval, mais il est souvent perplexe quant à ce qu'il doit exactement « dire » à son cheval pour que ce dernier « entende » l'aide.

En termes d'importance, la jambe n'est qu'un second violon par rapport au poids. Mais tout comme dans un orchestre, le second violon doit toujours être en harmonie : les aides de poids doivent toujours travailler en harmonie et en accord avec les aides de jambe. Le cavalier aux aides de jambe les plus efficaces est celui dont la cuisse, le genou et le bas de jambe sont souples et enveloppent passivement le cheval sauf au moment où il fait une demande. L'emploi correct de la jambe ne doit pas perturber la position du cavalier ; l'action est brève puis la jambe retrouve sa passivité.

NE LE HARCELEZ PAS

Le cheval doit respecter les actions de jambes. Le secret de l'efficacité ne consiste pas à harceler le cheval avec des jambes s'agitant comme un fouet électrique. Le cavalier qui s'acharne constamment sur le cheval rend ce dernier « froid à la jambe », il le blase. Tout comme une mère apprend à devenir sourde aux caprices de son enfant, le cheval apprend à devenir sourd à une jambe incapable de se taire.

J'ai un jour entendu Lendon Gray (deux fois participante aux jeux Olympiques, fondatrice de *Dressage4Kids* et directrice de la *Dressage Foundation*) décrire la question avec intelligence : « la jambe dit : EN AVANT, la main dit : ARRÊTE ». C'est une description très simple de la réponse que doit donner le cheval aux aides de jambe.

Malheureusement, il arrive souvent qu'en fait, le cavalier demande à sa monture d'avancer avec une action de jambe, puis deux, puis trois, avant qu'enfin, à la quatrième, elle s'exécute. Si ce schéma se répète encore et encore, le cheval finit par apprendre à ne répondre qu'à la quatrième demande. Si vous demandez poliment une fois, sans réponse, vous devez *clairement* et *immédiatement* signifier au cheval qu'il fait erreur (éventuellement au moyen du stick et des éperons). Il suffira d'insister quelques fois sur l'obligation de réagir sans délai, et le cheval sera dressé à aller de l'avant dès la première demande, et à continuer d'avancer. Pour apprendre l'emploi correct des jambes, vous devez aussi apprendre à sentir quand demander et quand rester silencieux. La passivité de la jambe – au bon moment – est tout aussi importante que son activité.

Si vos actions de jambes sont correctes mais que vous avez néanmoins du mal à obtenir la réponse souhaitée, le problème réside peut-être dans l'accord de vos aides de jambe et des autres. Une jambe qui envoie bien en avant doit être synchrone par rapport aux aides de poids et de main, ainsi que par rapport au déplacement du cheval. Par exemple, si vous envoyez correctement en avant avec vos jambes pour une transition au trot, mais que votre main trop dure est en mode de rétropropulsion tandis que votre assiette est neutre, votre cheval aura du mal à vous répondre avec un franc enthousiasme.

L'EMPLOI CORRECT DES JAMBES

Vous pouvez diviser l'emploi des jambes en trois modes fondamentaux :

- Les aides propulsives
- Les aides latérales
- Les aides de position

Le cavalier doit apprendre à ajuster ses actions de jambe en fonction de l'allure. En règle générale, il faut au pas une action alternée pour confirmer et entretenir un bon pas, le pas étant une allure à quatre temps. Le trot, allure à deux temps, est demandé et entretenu par une action simultanée, les deux jambes agissant en même temps.

Le galop est encore différent. Par ses trois temps, il impose au cavalier d'agir une jambe à la sangle et l'autre jambe légèrement en arrière. Cela peut déjà sembler un peu perturbant pour vous, cavalier, alors imaginez la perplexité de votre monture si vos jambes disent « galop » et le reste de vos aides « trot » ?

▲ Aides propulsives.

Aides propulsives

Il faut savoir que tous les chevaux répondent avec de légères nuances à la position des jambes et à l'intensité des actions. Apprendre le « contrôle du volume » des jambes est capital. Il faut régler ce volume en fonction du cheval que l'on monte et de ses réactions un jour donné. J'encourage toujours mes cavaliers à régler le volume au minimum et à le monter si besoin. Mieux vaut ça que de démarrer avec des aides réglées à fond et d'obtenir une réaction inattendue du cheval !

Jambe propulsive

La jambe propulsive demande au cheval d'avancer à l'aide d'une brève pression du bas de jambe. Pour bien fonctionner, ce dernier doit être positionné à 10 cm environ en arrière de la sangle, à l'endroit le plus sensible des flancs. L'action est plus efficace quand le cavalier tourne légèrement les orteils vers l'extérieur, de sorte que la cuisse ne puisse se crisper sur la selle. La jambe doit par ailleurs être fixe, et l'action réfléchie.

Un exemple : pour une transition pas/trot, les jambes agissent brièvement sur les flancs. Pensez-y comme à l'action sur un interrupteur électrique : allumé, éteint. Le cheval répond en passant au trot. Puisqu'il a donné la bonne réponse, les jambes reviennent en mode silencieux, neutre.

Cela va à l'encontre de l'idée que la jambe du cavalier doit pousser le cheval dans la transition puis continuer de pousser pour entretenir l'allure. Dans l'idéal, une fois que vous avez mis le cheval en mouvement et imposé la cadence, il doit la conserver tant que vous n'avez pas exprimé d'autre demande.

Les erreurs les plus courantes dans l'action propulsive

L'action propulsive des jambes peut être assez délicate à mettre en œuvre. On voit fréquemment le défaut consistant à les écarter et à les rabattre, tel un oisillon battant sans succès des ailes pour prendre son envol. Le contact avec le cheval est minimal. Frapper les jambes contre la selle a rarement d'effet car le cavalier, bien que physiquement actif, n'exerce aucune véritable pression sur sa monture.

Un problème similaire : la jambe positionnée trop en avant. De ce fait, le cavalier, grosso modo, ne fait que battre l'air. Il faut prendre contact avec le cheval pour avoir une vraie réaction.

N'importe laquelle de ces erreurs peut s'ajouter à celle du cavalier qui « pompe », c'est-à-dire qui se balance d'avant en arrière dans la selle. Le buste doit rester calme et stable.

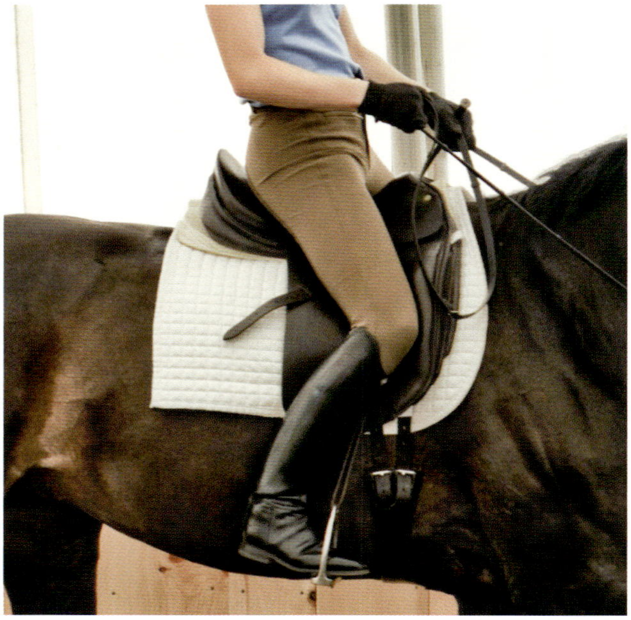

À GAUCHE : Une jambe trop en arrière est problématique. Dans cette position, les talons remontent, le genou pince la selle et le cheval ne reçoit pas le message de propulsion.
À DROITE : Aides latérales.

Aides latérales

Deuxième emploi des jambes : la jambe isolée, qui demande le déplacement latéral, la cession à la jambe par exemple (voir leçon n° 40, page 222). Cette action demande au cheval de se porter en avant et de côté en même temps, le postérieur s'engageant sous la masse. La jambe doit être légèrement plus reculée que pour l'action propulsive. La poussée latérale vient de la jambe opposée à la direction du mouvement. Par exemple, pour que le cheval se déplace en avant et vers la gauche, le signal vient de la jambe droite. Le timing, comme toujours, joue un rôle important.

C'est d'autant plus efficace en effet que le cavalier agit au moment où le postérieur du cheval quitte le sol du côté opposé à la direction souhaitée. Pour demander un déplacement en avant et vers la gauche, la jambe droite doit agir au moment où le postérieur droit quitte le sol, sous la forme d'une brève impulsion.

Aides de position

Troisième emploi des jambes : en tant que soutiens du corps du cheval, pour le guider dans l'équilibre. La jambe de position n'est pas tant une aide active qu'une jambe qui dit au cheval, au moment opportun : « pas plus loin. » Par exemple, sur un cercle, la jambe extérieure forme une sorte de mur pour indiquer au cheval que son corps ne doit pas aller plus loin. Sur une ligne droite le long du pare-botte, la jambe extérieure soutient le corps afin qu'il ne se cogne pas dans le mur en cas de perte d'équilibre. Avec des aides latérales, la jambe extérieure régule le degré du mouvement latéral. Placée en arrière de la sangle, elle agit quand c'est nécessaire. Commencez par une légère pression et augmentez l'intensité jusqu'à obtenir la bonne réponse.

▲ Aides de position.

LEÇON N°8 Les aides de main

Beaucoup de cavaliers montent avec trop de main. Ce n'est pas qu'ils le veuillent, c'est que, à moins d'avoir de la discipline et d'avoir appris à employer correctement l'assiette et les jambes, les mains semblent toujours prendre le dessus. Bon nombre de cavaliers ne réalisent pas que l'acquisition du tact de la main, et donc du bon contact avec le cheval, est l'étape la plus importante d'une bonne éducation équestre.

On dit que chaque fois qu'on veut se servir des mains, il faut utiliser les jambes à la place, l'idée étant toujours d'exercer ses aides dans le bon ordre de priorité, à savoir : les aides de poids, les jambes, puis les mains. Un cavalier novice utilise presque toujours ses aides dans l'ordre inverse : les mains, les jambes, et occasionnellement l'assiette. Il faut un cavalier confirmé et consciencieux pour opérer dans le bon ordre.

Les rênes

Il y a cinq façons de se servir des rênes pour communiquer : agir, céder, résister, réguler et agir latéralement. La simplicité de ces mots est trompeuse. Dans chaque cas, il est possible d'utiliser les deux rênes ensemble comme une seule action, une seule rêne, ou une rêne pour agir d'une manière et l'autre pour agir d'une autre façon. Un vrai casse-tête !

La question de savoir quelle action de main est nécessaire, quand, et comment, se pose des centaines de fois sur une seule séance. À vous ensuite d'y ajouter les aides de poids et de jambe ! Vous comprenez pourquoi l'accord des aides a une telle importance.

Agir et céder

On agit et on cède sur une rêne en prenant du contact et en le relâchant. Il faut toujours considérer ces deux actions comme allant de pair : on ne peut agir (prendre) sans céder (relâcher), et on ne peut céder sans demander, dans un ordre ou dans l'autre, tout dépend des événements au moment considéré.

Quand vous envoyez le cheval en avant grâce à l'action propulsive de l'assiette et de la jambe, la main doit céder et agir avec finesse. La main agit et cède dans les demi-arrêts, les arrêts et les transitions entre allures et dans les allures. Ces actions servent aussi à améliorer la mise sur la main.

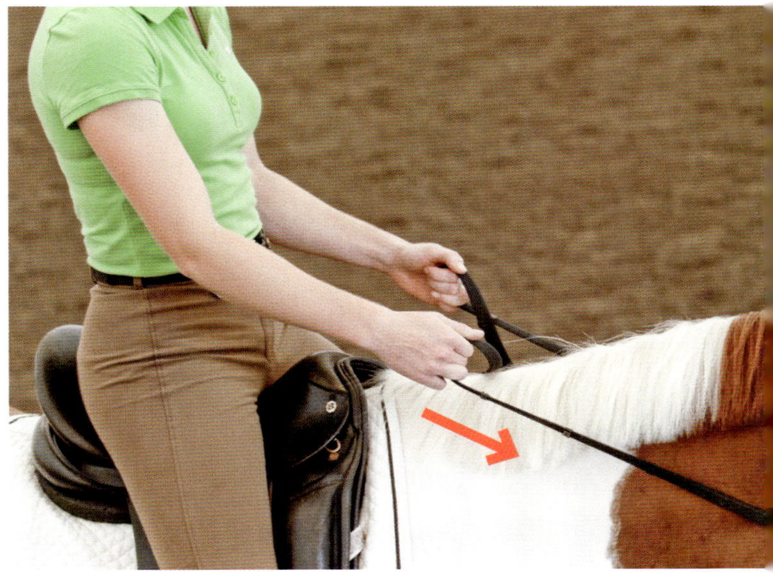

▲ La main cède.

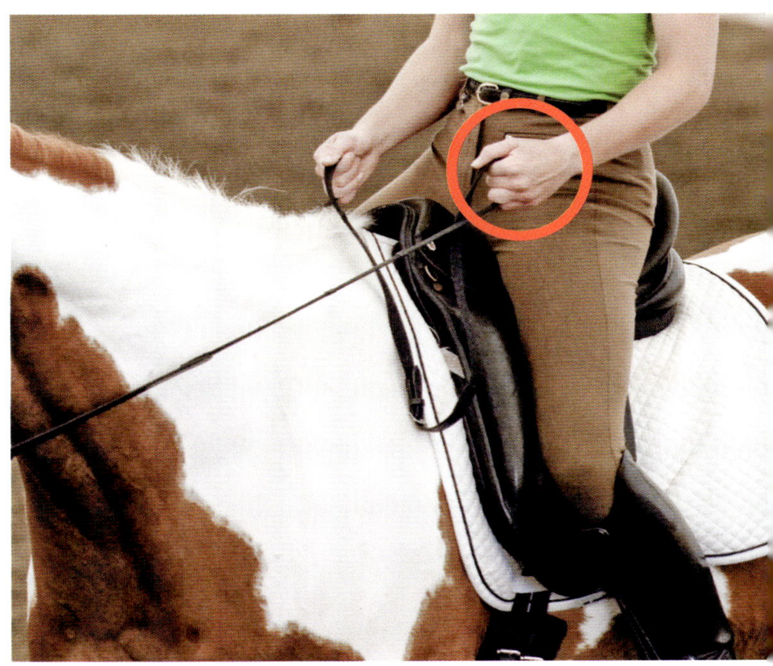

▲ La main agit.

Un mouvement subtil

Pour comprendre plus clairement comment la main agit (demande), dites-vous que les doigts se ferment plus fortement, jusqu'à serrer le poing. Pour un effet plus marqué, vous pouvez *légèrement* tourner les mains vers l'intérieur en les faisant pivoter.

La main cède en mollissant (mais sans ouvrir les doigts) ou en avançant légèrement par une détente de l'articulation du coude. Cette action peut être si infime que certains instructeurs disent qu'il s'agit simplement de déplier l'annulaire. Ils font ainsi référence à une variation minuscule – on desserre très légèrement l'annulaire, à côté de la rêne, de la main intérieure uniquement. Ainsi, on relâche de façon à peine perceptible la rêne de ce côté.

La règle d'or en la matière se résume ainsi : on n'agit jamais sans céder.

Résister

La deuxième action, c'est la main qui résiste : il s'agit de tenir brièvement la rêne (quelques secondes ou fractions de seconde), mais sans lui imposer aucune tension supplémentaire. On résiste quand le cheval donne du fil à retordre en résistant lui-même (voir leçon n° 22, page 143). Le cavalier doit agir avec son assiette, puis avec ses jambes, et enfin résister sur la rêne pour rappeler au cheval de se pousser à ce contact.

Dès que le cheval cède et se porte en avant sans plus résister à la main, le cavalier cède lui aussi, en relâchant son action. En revanche, il ne faut pas s'opposer au mouvement du cheval, de sorte que le timing est primordial, et difficile à maîtriser. La durée de l'action est dictée par le temps de réponse du cheval.

La rêne de régulation

Comme une jambe peut être une jambe de position, la rêne peut devenir une rêne de régulation ou de position, c'est le troisième type d'action. C'est la rêne extérieure qui joue ce rôle quand on demande au cheval de tourner ou de s'incurver, comme expliqué au chapitre 6 page 165. La rêne de régulation s'emploie conjointement à la rêne intérieure qui agit/cède. Sur un cercle ou sur une courbe, la rêne extérieure peut aussi être appelée rêne de soutien. La rêne de régulation externe est assez ferme, c'est-à-dire que l'on doit sentir le cheval solidement tenu sur celle-ci sans pour autant inhiber le mouvement en avant. Elle s'oppose à la rêne intérieure, qui agit et cède, et qui doit être moins tendue que la rêne externe. Ce travail avec les rênes implique nécessairement d'être à l'écoute de son cheval.

▲ **Pour résister, tendez brièvement et fermement les rênes.**

▲ Rêne de régulation : ici, la rêne droite soutient et équilibre le cheval du côté extérieur.

◀ La rêne d'ouverture est un outil d'apprentissage.

La rêne d'ouverture

Le dernier des effets de rêne est la rêne d'ouverture. On ne la voit pas employée avec un cheval bien dressé, sauf en de très rares circonstances. Elle se limite généralement à aider un cheval à comprendre comment se rendre quelque part, notamment pour les chevaux en cours de dressage.

Si le cheval a du mal sur un cercle, la rêne d'ouverture (ainsi dite parce qu'on écarte la main de l'encolure comme pour ouvrir une porte) lui met le bout du nez dans la direction voulue et donc l'oblige à regarder là où vous désirez aller. Par ailleurs, dans les prémices du travail latéral, la rêne d'ouverture aide à guider le cheval dans la bonne direction.

La règle d'or à retenir impérativement est qu'on n'agit jamais sans céder.

LES DÉFAUTS DE MAIN LES PLUS COURANTS

En supposant que le cavalier ait un bon contact, c'est une évidence que de dire qu'un emploi abusif des mains cause une foule de problèmes (pour en savoir plus sur le contact, voir leçon n° 22, page 143). L'erreur la plus fréquente consiste à ne pas assez céder ou tout simplement à trop agir. Dans le cas du cavalier aux mains figées (voir leçon n° 4, page 48, pour en savoir plus sur la position des mains), le cheval qui tente de se porter en avant s'en trouve constamment bloqué.

La main et le coude doivent suivre le mouvement en avant ; si ce n'est pas le cas, le cheval se heurte en permanence à l'équivalent d'un mur.

Ne tirez pas sur les rênes

Certains cavaliers résistent en permanence : le cheval répond en se défendant contre la main du cavalier, ce à quoi le cavalier répond en tirant sur les rênes. Il en résulte souvent une affreuse lutte dans laquelle, croyez-moi, le cavalier n'a *jamais* le dessus.
La bonne réponse n'est pas de tirer mais au contraire de céder. Ainsi, le contact mollit et le cavalier peut recommencer à agir et céder pour reprendre le contact et corriger le rapport main-bouche.

Si vous pensez qu'il « faut des biceps » pour conduire votre cheval, c'est sans doute que vous vous y prenez mal.

▲ L'erreur la plus courante : des mains trop fixes qui empêchent le cheval de se porter en avant correctement.

▲ Tirer n'est pas une option. On n'accomplit rien par la lutte entre cheval et cavalier. Pour corriger le problème, cédez et agissez à nouveau.

LEÇON N°9 Les aides artificielles

La majorité des chevaux savent tout à fait écouter les trois aides naturelles, mais il arrive parfois que le cheval se contente d'évacuer le cavalier de son univers ou qu'il ne réponde pas avec l'énergie espérée. C'est là qu'entrent en jeu les aides artificielles : le stick ou la cravache, les éperons et la voix.

Les aides artificielles ne sont là qu'en renfort. Il faut toujours demander au cheval de se porter en avant par une action de l'assiette et de la jambe ; si le cheval ignore superbement la demande ou y répond de façon insatisfaisante, mettre plus de jambe risque de ne pas très utile. La meilleure solution consiste à le tapoter brièvement avec le stick ou à le piquer légèrement avec l'éperon en plus de l'action de jambe.

Les aides artificielles rendent le cheval plus réactif aux aides naturelles en renforçant la requête initiale. Néanmoins, il est important de se souvenir que se munir d'un stick ou d'éperons n'équivaut pas à un permis de port d'arme. Ils ne doivent pas servir à punir, ce sont des aides à employer avec brièveté et parcimonie.

Les aides artificielles servent toujours à renforcer, jamais à punir.

▲ Les trois aides artificielles sont le stick ou la cravache, les éperons et la voix.

CHOISIR UN STICK DE DRESSAGE

Les sticks de dressage sont disponibles en plusieurs longueurs et styles : de 91 à 132 cm, la claquette (le bout) ajoutant 2,5 à 12-15 cm. Pour les concours, pensez à vérifier le règlement en vigueur, car les règles en matière de longueur fluctuent et il serait dommage d'être disqualifié à cause d'un stick trop long.

La poignée peut être épaisse ou fine. Si vous avez de petites mains, mieux vaut opter pour un stick plus fin. Un petit culot à l'extrémité, pour empêcher le stick de glisser dans votre main, est toujours préférable.

Utiliser un stick ou une cravache

▲ Tenue de la cravache.

En dressage, le stick est l'aide artificielle la plus utilisée ; il sert à augmenter l'activité des postérieurs. En de rares occasions, il peut s'employer sur l'épaule pour renforcer les aides de régulation ou les aides latérales. Quand vous ne vous en servez pas, vous pouvez le laisser reposer sur votre cuisse.

Il faut de la pratique et du tact pour apprendre à bien l'utiliser. Un grand coup vif risque de provoquer une crainte chez le cheval, et de constants petits coups le blasent. La meilleure façon de lui faire comprendre le message, c'est un petit coup bref et vif. Le cheval ne doit pas craindre le stick mais il doit cependant en avoir un sain respect. Le stick n'est pas un moyen de faire du mal au cheval. Il doit au contraire lui donner de la confiance.

Dans quelle main doit-on porter le stick ? La meilleure réponse : dans la main où il est le plus nécessaire, ce qui dépend de la latéralisation du cheval et du cavalier. En d'autres termes, du côté où le message a du mal à passer avec les aides naturelles. Si le cheval répond moins bien côté gauche, ou si la jambe gauche du cavalier est moins musclée que l'autre, alors le stick doit être porté à gauche.

Cependant, dans la pratique, un stick tenu dans la main externe a, en manège, tendance à râper les murs et n'est donc pas excessivement utile. La plupart des cavaliers de dressage le tiennent plutôt dans la main interne, au moins quand ils montent en intérieur.

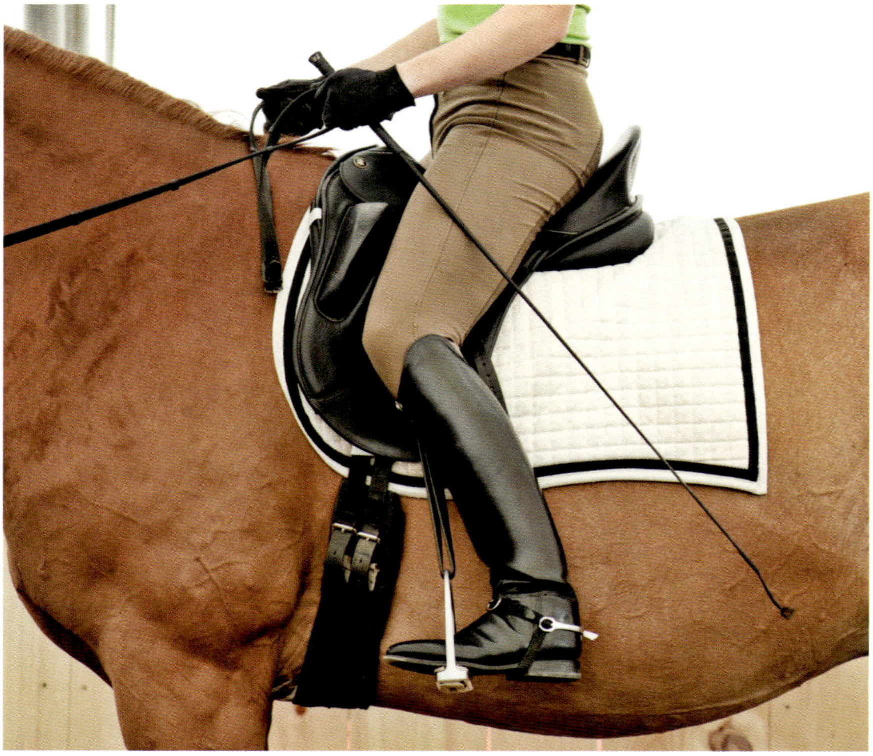

Pour le saut, il faut une cravache. On en trouve de toutes les formes et de toutes les tailles, mais une cravache fait généralement de 40 à 60 cm de long, avec une petite claquette au bout, petit battant en cuir naturel ou synthétique qui fait un peu de bruit quand le cavalier tapote le cheval.

Elle s'utilise sur l'épaule du cheval, et il est aussi acceptable de prendre les rênes dans une main pour l'utiliser derrière le tapis de selle. Elle sert non seulement à stimuler le mouvement en avant, mais aussi à soutenir la rêne externe et à empêcher l'épaule du cheval de déraper.

◀ Tenue du stick de dressage.

L'emploi des éperons

Certains élèves débutants voient les éperons comme des accessoires cruels et déclarent ne jamais vouloir en mettre. Un sentiment qui semble dû à l'image du cow-boy aux bottes munies d'énormes éperons acérés. Cependant, les éperons classiques n'ont rien à voir. En règle générale, le bout est émoussé, pouvant aller de la petite molette à la tige de 5 cm.

Sachez que même ceux-là, mal employés, peuvent blesser, et les styles les plus sévères devraient être réservés au cavalier aguerri ou professionnel, qui aura les compétences et les connaissances indispensables pour les utiliser au mieux – c'est-à-dire avec la plus grande parcimonie.

Lorsque l'élève a atteint l'indépendance de l'assiette et la fixité de la jambe, les éperons peuvent devenir une aide artificielle utile. Ils ont pour but d'aider à générer de l'impulsion ou à apprendre le respect des aides propulsives. L'éperon renforce les aides de jambe, et peut s'utiliser séparément du stick ou en complément. Comme avec toute aide, l'action des éperons doit être réfléchie, brève et exercée sans délai. Ne portez des éperons qu'une fois sûr de la fixité et de la maîtrise de la jambe, ou vous pourriez obtenir des réactions inattendues !

▼ Emploi des éperons.

▲ Emploi de la voix.

L'emploi de la voix

La voix est la dernière des aides artificielles. Comme les premières, elle est importante mais son utilisation doit rester occasionnelle. Certaines personnes assomment leur cheval d'un monologue ininterrompu de la minute où elles se mettent en selle jusqu'au moment où elles mettent pied à terre. J'ai un jour lu une magnifique citation : « Un cavalier qui parle ne monte pas. » La voix doit être elle aussi un outil réfléchi.

La voix est très utile avec un jeune cheval car elle peut le rassurer, le ton comptant plus que les mots. Pour un cheval effrayé ou nerveux, une voix basse et apaisante peut être réconfortante.

À l'inverse, si le cheval est mou ou inattentif, un bref claquement de langue peut être utile. Parfois, on entend même un cavalier « grogner » d'une voix profonde pour imposer l'écoute et l'obéissance à son cheval.

La voix est une aide à exercer avec la plus grande prudence. Bien qu'elle soit pratique avec les jeunes chevaux, ceux qui ont plus d'expérience y sont plutôt blasés. En outre, si vous aspirez à sortir en concours, vous devez savoir qu'elle n'est pas autorisée dans les épreuves de dressage et qu'elle doit donc rester une simple aide de travail.

LEÇON N° 10 Les aides diagonales

Maintenant que les aides de base sont assimilées, il est temps d'ajouter la touche finale : les aides diagonales. Au début de l'apprentissage du cavalier, ce dernier emploie les aides sous leur forme la plus élémentaire, c'est-à-dire d'un seul côté. Un exemple : vous voulez tourner à droite, vous vous servez de votre rêne droite. À ce stade précoce, il n'y a pas de mise en relation des aides d'un côté et de l'autre.

Quand le cavalier commence à peine à maîtriser la direction et le mouvement en avant, et quand les jeunes chevaux sont verts dans le travail, ces aides « monobloc » sont plus simples à la fois pour le cavalier et le cheval. Au fur et à mesure que le cavalier gagne en capacité et en coordination, et en supposant que le cheval possède lui aussi le niveau nécessaire, il apprend les aides diagonales. Celles-ci agissent simultanément sur les côtés opposés du cheval, par exemple la jambe gauche et la main droite piste à main gauche.

▼ Les aides diagonales demandent au cheval de s'équilibrer entre la jambe interne du cavalier et la main externe (ici, la jambe droite et la main gauche).

Ici le cheval est incurvé à gauche avec la rêne interne et équilibré par les aides diagonales entre la jambe gauche et la main droite.

L'emploi des aides diagonales

Quand le cavalier sait monter en se servant de sa jambe intérieure pour équilibrer le cheval sur sa rêne de soutien, il se sert des aides diagonales. Savoir monter avec ces aides en place pourrait se comparer à avoir passé son BEPC et entrer au lycée. Les bases sont acquises, le cavalier peut maintenant utiliser ces fondations solides pour passer à une équitation de plus haut niveau. Les aides diagonales s'inscrivent dans cette nouvelle étape.

Décomposons le déroulement des choses dans l'emploi des aides diagonales. Imaginez-vous sur un cercle. Votre cheval est équilibré dans le couloir des rênes et se déplace avec une bonne activité.

- **Commencez par vos aides de poids**, dans ce cas en plaçant un peu plus de poids sur votre ischion intérieur.
- **Votre jambe interne** agit ensuite pour donner de l'impulsion, poussant légèrement à la sangle pour encourager le cheval à engager plus loin sous la masse son postérieur interne.
- **Votre jambe externe** joue le rôle de position, c'est-à-dire que, légèrement en arrière de la sangle, elle exerce une légère pression pour dresser un « mur » empêchant le cheval d'évaser le cercle ou de s'échapper des hanches.
- **La rêne externe** demande ensuite doucement et subtilement un léger pli interne, laissant apercevoir les cils côté intérieur (pour mieux comprendre le pli, voir leçon n° 27 page 172). La rêne externe de régulation permet au cheval d'infléchir l'encolure et de s'incurver vers l'intérieur tout en limitant le pli.

Bien que j'aie décrit ici ces actions dans l'ordre, une fois à cheval, le timing se mesure en fractions de seconde et le cavalier les exécute dès qu'il ressent le besoin de réguler ou d'entretenir le déplacement du cheval. Le cheval n'est pas équipé d'un régulateur de vitesse, vous ne pouvez pas penser à vos aides comme à des boutons à enclencher puis à oublier.

INCURVATION ET PLI

Le sujet des aides diagonales est intimement lié à l'incurvation et à la flexion, ou pli, que le cavalier doit toutes deux établir pour se servir des aides diagonales. Pour en savoir plus sur ce sujet, reportez-vous au chapitre 6, page 165. Pour l'instant, je me contenterai de dire que le pli correspond à une légère flexion au niveau de la nuque, permettant de voir l'œil du cheval côté intérieur. Quant à l'incurvation, c'est la capacité du cheval à se ployer latéralement sur toute la longueur de la colonne, de la tête à la queue. On peut avoir du pli sans incurvation, mais jamais d'incurvation sans pli.

LES ALLURES

LES ALLURES

Quiconque fait ses premiers pas dans l'univers du cheval aurait bien du mal à se dépêtrer de toutes les allures s'il devait aller à l'amble, au tölt, au rack, au trot, au galop Western, ou encore piaffer ! Fort heureusement, en équitation anglaise il n'y a que trois allures de base dans le travail – pas, trot et galop – chacune avec une définition et un objectif clairs.

Les trois allures de base sont issues des mouvements naturels du cheval. Dans son environnement naturel, un cheval passera librement et en clin d'œil de l'une à l'autre de ces allures, bien qu'il reste toujours au pas en l'absence d'une bonne raison d'accélérer. Dans un pré où il n'est soumis à aucune pression, il passe d'une zone de pâturage à une autre et va toujours au pas chercher de l'eau ou de l'ombre.

Il peut prendre le trot pour diverses raisons : pour donner l'alerte, échapper aux mouches qui le harcèlent, jouer avec des amis, éviter de se laisser attraper ou manifester de l'intérêt à un humain qui apporte de la nourriture.

Le galop exprime habituellement une excitation d'un genre ou d'un autre. Par exemple, le cheval peut prendre le galop quand il est surpris ou à l'arrivée d'un nouveau cheval dans le parc.

Il existe d'autres allures naturelles comme le saut ou le reculer que nous verrons plus loin.

Il y a également les allures artificielles, comme le piaffer qui consiste en un trot sur place, le cheval paraissant rester un temps de suspens en l'air, ou le pas espagnol, cadencé et majestueux. Certaines de ces allures artificielles ne sont pas accessibles à tous les chevaux. On trouve également des allures propres à certaines races comme le tölt, typique du cheval islandais, allure très confortable pour le cavalier et où le cheval garde constamment un pied au contact du sol.

DES ATHLÈTES ÉQUINS

Bien que tout cheval en bonne santé et doté d'une bonne endurance physique puisse bien se débrouiller dans les disciplines d'équitation anglaise, de nombreux cavaliers gravitent de préférence autour de quelques races excellant en dressage, en saut d'obstacles et en cross-country du fait de leurs aptitudes naturelles. Partout dans le monde, les championnats pullulent de races européennes demi-sang telles que Hanovriens, Oldenbourg, Holsteiners ou KWPN. On trouve aussi un grand nombre de pur-sang (particulièrement en complet) et de croisements de pur-sang dans toutes les disciplines.

Traditionnellement, ces races ou ces croisements sont des chevaux qui présentent naturellement de belles allures et un physique d'athlète ; c'est pourquoi on les appelle parfois « chevaux de sport ». Le terme décrit un type de cheval – doué d'une bonne locomotion – et non une race en particulier (bien qu'exceptionnellement, ce soit une partie du nom même de la race, comme par exemple New Zealand Sport Horse ou British Sport Horse). Le cheval de sport a une longue foulée athlétique et un bon fonctionnement général. Il tend aussi à avoir un bon mental (c'est-à-dire qu'il reste régulier et calme même sous pression et dans le stress) et de la volonté au travail.

Certains ont pourtant une opinion moins favorable des demi-sang : on les dit balourds, à cause de la minorité de chevaux parmi ces types de race qui sont si « longs à la détente » qu'on les juge lourds et lents. Les remarques de ce genre sont probablement le fait de cavaliers qui apprécient l'esprit vif et le tempérament peut-être plus nerveux du pur-sang.

Cadence et régularité des allures

Les mots « cadence » et « régularité » devraient résonner à vos oreilles chaque fois que vous observez un cheval se déplacer. On peut en effet en dire beaucoup sur l'allure d'un cheval en le regardant bouger sans interférence humaine.

A-t-il tendance à traîner les pieds en pince au pas ? Ou au contraire marche-t-il au pas de l'oie comme un soldat à la parade ? A-t-il un petit trot rasant ou au contraire relevé et expressif ? Galope-t-il tranquillement bas et long ou avec un rebond énergique ?

Dans l'observation, il importe de se concentrer sur la pureté des allures, dont la cadence et la régularité sont le cœur.

Pour les disciplines classiques (dressage, saut d'obstacles, complet), le cheval idéal possède des allures cadencées et une grosse locomotion naturelle. Comme chez les gens, certains chevaux sont tout simplement de meilleurs athlètes et « bougent » mieux que d'autres. Rares sont ceux qui possèdent le talent incroyable d'un Michael Jordan. Pareillement, tous les chevaux n'ont pas l'étoffe d'un champion olympique.

Que votre monture ait naturellement une bonne locomotion ou que ses allures aient besoin de travail, il vous faut acquérir la compréhension fondamentale de chacune des trois allures et de toutes leurs déclinaisons.

Dans son environnement naturel, un cheval passera librement et en clin d'œil de l'une à l'autre de ces allures, bien qu'il reste toujours au pas en l'absence d'une bonne raison d'accélérer.

À GAUCHE : Les trois allures de base (pas, trot, galop) viennent des mouvements naturels du cheval.

LEÇON N° 11 Le pas

S'il y a bien une chose que la majorité des cavaliers ne comprend pas, c'est l'importance du pas. Malheureusement, le cavalier qui entre en manège se contente trop souvent de flâner au pas avant de passer aux choses sérieuses : le trot, le galop, les sauts. Le pas est considéré comme un moyen et non comme une fin, sans aucune valeur intrinsèque. Rien n'est plus faux !

La définition officielle de la FEI est trompeusement brève : « Le pas est une allure marchée, dans laquelle les pieds du cheval se posent l'un après l'autre en *quatre temps* bien marqués et maintenus dans tout le travail au pas. »

Il est intéressant de noter la présence des notions de cadence et de régularité dans cette définition.

▲ Le pas peut paraître l'allure la plus simple à maîtriser, mais c'est la base de toutes.

L'importance du pas

Un seul coup d'œil sur une épreuve de dressage permet de comprendre l'importance qu'accordent au pas les instances dirigeantes des sports équestres. Dans la quasi-totalité des reprises, les temps consacrés de pas sont lourdement coefficientés dans les notes.

Mais vous n'êtes peut-être pas familier de la notation en dressage : les notes de chaque mouvement sont pondérées par un coefficient, c'est-à-dire que la note est multipliée par ce coefficient avant d'être intégrée au calcul de la note globale. Ainsi, une note de 5 avec un coefficient 2 sur un pas libre donne 10 points. Cette pondération indique que le pas est jugé deux fois plus important qu'un mouvement « ordinaire » pendant l'épreuve. La qualité du pas peut faire gagner ou perdre un concours de dressage.

Mais la compétition ne doit pas être la seule préoccupation. Le pas est l'occasion de travailler sur toutes les compétences que nécessitent les allures supérieures, y compris les aides et l'équilibre. J'aime à dire à mes élèves que s'ils n'ont pas compris au pas, ils ne comprendront pas au trot, et s'ils n'ont pas compris au trot, alors ils ne comprendront pas au galop. Tout commence par l'acquisition du pas.

LA VARIÉTÉ DU PAS

On reconnaît quatre sortes de pas en équitation classique : pas moyen, pas rassemblé, pas allongé et pas libre. Dans les niveaux de travail élémentaires, il convient de se concentrer sur le pas moyen et le pas libre (le pas rassemblé et le pas allongé sont expliqués pour information, mais ils sont réservés au cheval et au cavalier plus avancés dans le travail).

Et il y a une autre considération. La FEI reconnaît et décrit le pas libre, et il est utilisé en concours aux États-Unis, au Royaume-Uni, ou encore en Nouvelle-Zélande. Mais les Allemands, qui sont les maîtres de l'équitation classique contemporaine, ne le reconnaissent pas en concours. Il ne leur sert que dans le travail.

Le pas moyen

Le pas moyen (considéré comme le pas naturel du cheval) est le pas élémentaire, celui que tout cheval doit posséder, c'est-à-dire que sous la selle il doit être capable de se déplacer comme il le fait quand il marche librement dans un pré. Pour un pas moyen correct, le cavalier doit maintenir un contact léger, moelleux et constant avec la bouche du cheval.

Un cheval au pas moyen doit se méjuger, c'est-à-dire que les postérieurs passent devant les traces des antérieurs, de sorte que les empreintes des postérieurs sont en fait devant celles laissées par ses antérieurs. Dans un pas moyen techniquement correct, il doit y avoir une distance d'au moins deux sabots entre les traces.

Les élèves posent souvent une question tout à fait sensée : « Comment suis-je censé savoir s'il se méjuge alors que je suis assis dessus ? Je ne vois pas ses pieds ! » Voici quelques indices : au pas moyen, vous sentez le cheval faire bouger doucement vos hanches et votre assise avec rythme et régularité. Vous voyez sa tête et son encolure se lever et s'abaisser et aller d'avant en arrière alors qu'il fait fonctionner son dos et s'équilibre dans son mouvement naturel.

Au travail, les miroirs peuvent aider à identifier la sensation d'un pas moyen correct, mais rien ne remplace le regard de quelqu'un au sol. Profitez de la présence d'autres cavaliers en manège ou de votre instructeur pour vérifier si ce que vous ressentez est effectivement un pas moyen.

Le pas libre

Le pas libre est un pas volontaire sans le contact constant du pas moyen. Le cheval est autorisé à se mouvoir sur des rênes plus longues, moins tendues, de façon à pouvoir se détendre en abaissant la tête et en étirant l'encolure sans le contact de la main. La FEI la qualifie « d'allure de repos » donnant l'impression d'une « entière liberté ». À moins de prendre le temps d'explorer le pas libre avec le cheval au travail, le cavalier risque de se retrouver en concours avec une monture désorientée ou distraite, se demandant si ce ne serait pas l'heure de la récréation, par hasard.

Le plus dur dans le pas libre, c'est de remonter sur les rênes, pour reprendre un contact plus franc. Le cheval doit accepter le contact sans se contracter dans la nuque ni résister dans la bouche. La transition du pas libre au pas moyen doit faire partie des séances quotidiennes. Elle est nécessaire à une bonne évolution cavalier/cheval.

▲ Le pas moyen.

▲ Le pas libre.

▲ Le pas rassemblé.

▲ Le pas allongé.

LES PAS AVANCÉS : LE PAS RASSEMBLÉ ET LE PAS ALLONGÉ

À moins que vous ne concouriez à plus haut niveau, vous n'avez pas à vous sentir concerné par le pas allongé et le pas rassemblé. À ce stade, vous vous devez simplement de comprendre ces pas afin d'appréhender la réalisation d'un exercice qui pourrait être au-delà de vos capacités et de celles de votre cheval, ou les malentendus quant à ce qu'il exécute.

Le pas rassemblé, fondamentalement, ressemble à une marche militaire. La marque de fabrique d'un pas rassemblé correct, c'est un cheval dans la main, encolure relevée et arrondie. Les postérieurs s'engagent et tous les pieds se lèvent plus haut car les articulations se fléchissent plus qu'au pas moyen. On pourrait décrire le pas rassemblé comme un pas plus court mais plus actif.

Dans le pas allongé, le cheval couvre autant de terrain que possible sans précipitation et sans altérer la régularité de l'allure à quatre temps. Chaque foulée est plus longue que celle du pas moyen mais la cadence est inchangée. Pour être techniquement correct, un cheval au pas allongé doit se méjuger de trois sabots (souvenez-vous qu'au pas moyen il se méjuge de deux). Le cheval peut étendre son encolure et abaisser sa tête tout en conservant le contact avec le cavalier *via* la bouche. Le chanfrein doit être clairement en avant de la verticale.

Caracoler n'est pas rassembler

Attention : un observateur non averti prend souvent un cheval chaud et nerveux pour un animal exécutant un magnifique pas rassemblé. Il peut effectivement caracoler joliment au pas mais c'est l'exact contraire d'un véritable pas rassemblé, car le mouvement dansant et actif vient de la tension et de la nervosité, non de l'énergie canalisée qui engendre un pas rassemblé digne de ce nom.

Le pas rassemblé est souvent source de confusion pour le cavalier ; en effet, le terme « rassembler » ne désigne pas la même chose au pas et dans les autres allures. Partout ailleurs, le rassembler nécessite de l'impulsion, et l'impulsion, par définition, exige la projection, c'est-à-dire le moment où les quatre pieds quittent simultanément le sol.

Mais au pas il n'y a aucun temps de projection, compte tenu des quatre temps de cette allure. La logique semblerait vouloir qu'il ne puisse y avoir d'impulsion là où il n'y a pas de projection, de sorte qu'un vrai pas rassemblé serait impossible. Mais le pas est l'exception qui confirme la règle. Bien que techniquement ce ne soit pas de l'impulsion, puisqu'il n'y a pas de projection, le cheval doit donner *l'impression* d'une énergie en avant générée par l'arrière-main.

LES PROBLÈMES RENCONTRÉS AU PAS

Quelles difficultés le pas pourrait-il bien présenter ? Et pourtant... Un bon pas est une allure incroyablement difficile à obtenir et encore plus à conserver. On dit souvent que le pas est l'allure la plus facile à détraquer et la plus difficile à préserver. Certains chevaux ont un bon pas inné ; si c'est le cas du vôtre, faites tout votre possible pour ne pas interférer avec ce que mère Nature lui a généreusement accordé. Un cheval dont le pas n'est naturellement pas bon le conservera probablement toute sa vie même avec un bon travail.

Le défaut le plus grave au pas est la perte de cadence et de régularité, qui peut prendre deux aspects majeurs. Le premier, c'est un pas irrégulier, avec un membre faisant une foulée plus courte que l'autre. Le cheval semble presque boiter au pas.

Le deuxième : le cheval se met à l'amble, c'est-à-dire que les deux membres d'un même bipède latéral avancent quasiment en même temps, le pas à quatre temps se transformant ainsi en pas à deux temps.

L'identification d'un pas défectueux

Des indices sonores et visuels peuvent signaler un pas défectueux. Les battues sur une surface dure doivent clairement marquer quatre temps. Si vous en entendez deux, c'est un amble.

Visuellement, si vous regardez le pas depuis le sol ou si votre manège est équipé de miroirs, vous devez voir un V entre les membres quand le postérieur avance jusqu'à presque toucher l'antérieur.

La rupture de la cadence du pas est généralement causée par l'absence de décontraction et de rectitude, et une main dure est souvent *la* fautive. Il faut autoriser le cheval à utiliser son encolure ; sinon, la tension ne tardera pas à s'installer. Quand le cavalier cesse de suivre le balancier de l'encolure avec ses mains, le cheval se bloque et se contracte. De là, il perd toute décontraction puis se raidit : il en résulte un pas défectueux.

Malheureusement, certains cavaliers perdent de vue l'importance du pas – l'allure fondamentale – et s'élèvent dans les niveaux sans avoir acquis un essentiel de l'équitation : le pas. Certains compétiteurs internationaux ont même tenté de faire supprimer le pas des épreuves de Grand Prix.

Triste commentaire quant au sort du pas surtout quand un cavalier de haut niveau, dans sa recherche de la gloire en concours, pousse son cheval au point d'en oublier la décontraction. Selon la rumeur, un cavalier bien connu aurait un jour dit : « Bien sûr que mon cheval ne sait pas marcher. C'est un cheval de Grand Prix. »

▼ **Dans un pas correct, les membres du cheval forment distinctement un V quand les postérieurs avancent, jusqu'à presque toucher les antérieurs à chaque foulée.**

COMMENT AMÉLIORER LE PAS ?

Le pas est une allure très difficile à parfaire, et le cavalier n'a pour cela que peu d'outils à sa disposition. Si le pas n'est pas bon, il faut en priorité travailler l'assiette : le bassin doit épouser librement les mouvements du cheval, sans les bloquer. Cela peut nécessiter de nombreuses heures d'entraînement.

Ensuite, les mains. Sont-elles discrètes, les coudes élastiques et connectés à la bouche ? Si ce n'est pas le cas, ces deux ajustements donnent au moins au cheval plus de latitude de mouvement. Demandez conseil à votre instructeur, qui a un regard extérieur et professionnel.

Les aides de jambe doivent aider le pas. L'allure a besoin d'être entretenue alternativement, une seule jambe pressant doucement à chaque foulée pour maintenir le mouvement en avant, mais les actions doivent être précises. Au pas, la cage thoracique se balance naturellement d'un côté et de l'autre. Au moment où elle va de gauche à droite, poussez un peu avec la jambe gauche pour accentuer le mouvement vers le côté, et par conséquent la foulée. Vous pouvez faire de même avec la jambe droite. Cependant, mieux vaut limiter cette action à quelques foulées seulement ; une pression constante d'une jambe après l'autre va blaser le cheval.

Parfois, il suffit de ne rien faire quelque temps sur le pas et de travailler les autres allures pour donner à un cheval manquant de décontraction au pas une chance de se détendre.

Améliorer le pas de sa monture nécessite du temps et de la patience. Le travail sur les aides naturelles (assiette, mains, jambes) est indispensable. Néanmoins vous pouvez également opter pour un travail à la longe ce qui permettra d'analyser et de comprendre les véritables difficultés de votre cheval, au pas, pour ensuite adapter les entraînements.

QUE SIGNIFIE LE MOT « PISTE » ?

Les différents sens du mot « piste » dans le jargon équestre vous laissent perplexe ? En concours de saut d'obstacles, la signification est assez évidente, et nous avons déjà expliqué les expressions « piste à main gauche », « piste à main droite », mais voici quelques autres termes pour ne pas vous tromper.

La *piste* est l'endroit où vous montez le long du périmètre extérieur du manège, dans l'espace bordant le mur.

On peut aussi monter en *piste intérieure*, une largeur de cheval plus près du milieu du manège que la piste.

La *piste* est aussi la trace laissée par les sabots. On parle d'exercices de deux ou trois pistes, par exemple, pour les déplacements latéraux, selon le nombre de pistes qu'ils laissent dans le sable du manège (pour plus de précisions, voir encadré page 66).

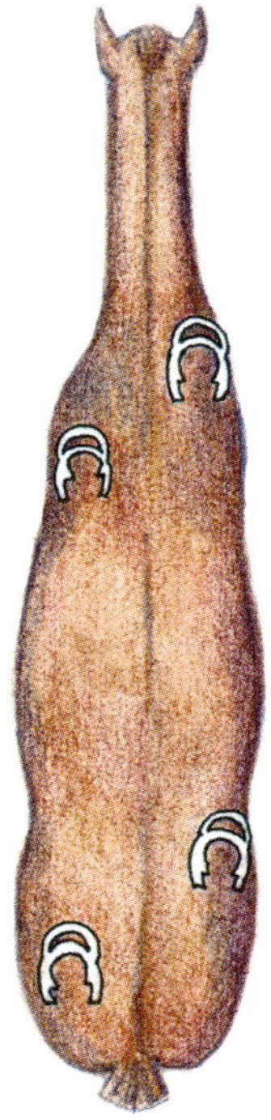

▲ Cheval qui se juge.

▲ Cheval qui se méjuge.

Si le pas n'est pas bon, il faut en priorité travailler l'assiette : le bassin doit épouser librement les mouvements du cheval, sans les bloquer.

LEÇON N° 12 Le trot

La définition officielle du trot que donne la FEI est un peu plus complexe que celle du pas, mais les maîtres mots en restent « cadence » et « régularité ».

« Le trot est une allure à *deux temps* séparés par un temps de projection [...] Le trot toujours franc, actif et régulier doit être entamé sans hésitation. La qualité du trot se mesure par l'impression d'ensemble, la régularité et l'élasticité des foulées, dues à la souplesse du dos et au bon engagement des postérieurs, ainsi que par l'aptitude à conserver le même rythme et un équilibre naturel, également après une transition d'un trot à un autre. »

Une allure à *deux temps*

Le trot est l'allure à laquelle le cavalier semble passer le plus clair de son temps à cheval : en manège, en extérieur, pendant la détente, pendant la récupération, quand il répète les figures, etc. C'est une zone de confort pour la majorité des cavaliers, et une bonne allure pour travailler la position, les aides et l'assouplissement du cheval.

Le trot comme le pas compte plusieurs variantes, avec des critères détaillés pour chacune d'elles : le trot de travail, l'allongement, le trot moyen, le trot rassemblé et le trot allongé. Tous ont leurs spécificités, leurs difficultés et, bien sûr, leurs utilités.

▲ Trot de travail.

▲ Trot moyen.

▲ Trot rassemblé.

▲ Trot allongé.

LE TROT DE TRAVAIL

Le trot de travail, à mi-chemin entre le trot rassemblé et le trot moyen, est le plus fréquemment utilisé. C'est une allure en avant, avec un équilibre et un rythme réguliers, marqué par une foulée élastique et une bonne activité des jarrets. Au trot de travail, les postérieurs doivent au minimum couvrir les traces des antérieurs. Un cheval à l'arrière-main naturellement active mettra facilement en route le « moteur » (c'est-à-dire la propulsion de l'arrière-main).

On croit souvent à tort que le cheval se déplace grâce à l'énergie de l'avant-main, l'arrière-main se contentant de suivre. Dans la nature, c'est effectivement ainsi que le cheval se déplace le plus souvent. Mais l'équation change radicalement dès lors que le cavalier entre en scène. Le cheval n'étant pas fait pour porter un poids sur le dos, une partie du travail du cavalier consiste à « éduquer » ses allures. Ce changement, qui vient d'un travail concret et correct, donne au cheval les moyens physiques nécessaires pour transporter son cavalier. Avec de la discipline, le cheval apprend à se déplacer dans une allure plus relevée, propulsée par l'arrière-main. L'importance de l'impulsion vient essentiellement de l'activité de l'arrière-main. Le résultat : un dos qui monte quand le cavalier s'assied sur des muscles souples, le cheval se poussant vers la main.

Correction d'un mauvais trot de travail

Parmi les nombreux défauts du trot de travail, le manque d'activité est le plus courant. Sans énergie, le cheval se déplace dans un trot rasant, semblant à peine avancer. En fait, c'est ce qu'on appelle en équitation Western un *jog*, ce qui est tout à fait honorable dans cette discipline, mais qui n'est pas ce que nous recherchons ici.

Un bon trot doit être *en avant*, ce qui n'est qu'une façon raccourcie de dire que le cheval doit avoir de l'énergie, des foulées plus amples et une prompte réaction aux actions de jambe du cavalier.

Il y a aussi le cas du cheval qui couvre du terrain mais sans activité des postérieurs, mous et « au loin », à la traîne derrière. En conséquence, le cheval est « sur les épaules », c'est-à-dire qu'il plonge et ne se déplace qu'à l'aide de l'énergie de l'avant-main. Pour résoudre ce problème, rien ne vaut un usage généreux des demi-arrêts (voir leçon n° 29 page 178).

Le trot précipité est une autre erreur commune. Ici, le cheval va vite mais ses foulées sont courtes et hachées. Il accélère plutôt que d'allonger avec des postérieurs qui engagent loin sous la masse et un dos qui se tend. Là encore, des demi-arrêts sont souvent la solution.

▲ Dans un bon trot de travail, on voit les postérieurs du cheval engager loin sous la masse. Son dos est tendu et il se porte sur la main avec énergie.

▲ Ici, à l'inverse, le cheval est à l'envers, les postérieurs à la traîne, le dos creux et le bout du nez loin devant.

L'ALLONGEMENT

Au cours de son développement athlétique, le cheval doit apprendre à se propulser par l'arrière-main (voir leçon n° 23, page 150). Plus ses capacités augmentent, plus ses foulées de trot gagnent en amplitude et en longueur. Cet allongement est la clé de voûte du trot moyen puis enfin du trot allongé.

Les premiers temps de l'allongement marquent aussi intrinsèquement le début du travail sur le trot rassembler, car il faut des demi-arrêts avant l'allongement pour contenir l'énergie du cheval et après pour le ramener au trot de travail.

Correction des défauts de l'allongement

Les erreurs dans le travail abondent à ce stade. Allonger, c'est en fait autoriser l'énergie contenue à s'échapper en avant. Communément, les cavaliers s'imaginent à tort l'allongement comme un déplacement plus rapide mais la vitesse, dans le sens d'accélération de la cadence, n'a rien de commun avec l'allongement.

Le cavalier doit chercher à couvrir plus de terrain à chaque foulée. De ce fait, évidemment, il va du point A au point B (ou, dans le cas du manège, de F en X à H) plus vite.

Imaginez deux soldats, l'un court sur pattes et l'autre aux jambes longues, marcher au pas de l'oie. Leurs pieds frappent le sol au même moment, mais le cavalier plus petit doit allonger le pas pour couvrir la distance. Là encore, les demi-arrêts remédieront au problème puisqu'ils incitent le cheval à se servir de ses hanches comme source d'énergie, l'activité des hanches étant nécessaire à des foulées régulières et élastiques.

Le cheval qui court

Le cavalier peut aussi laisser son cheval « courir », c'est-à-dire qu'il se tracte avec les antérieurs au lieu de se propulser par les postérieurs. Ce type de trot donne souvent au cheval l'air de trotter en descente, son centre de gravité basculant vers l'avant.

À ce stade, le cavalier fait l'erreur de ramener le cheval au trot de travail par une action de main au lieu d'un demi-arrêt avec l'assiette, la jambe puis la main. Trop de main incite le cheval à se contracter et à se défendre avant de revenir au trot de travail.

Une fois de plus le travail sur les aides est inévitable. C'est elles seules qui vont vous servir à reprendre votre cheval.

À GAUCHE : L'allongement équivaut à couvrir plus de terrain à chaque foulée, non à accélérer. Notez le temps de projection montré ici (les quatre pieds ont quitté le sol).
À DROITE : Un cheval qui n'allonge pas correctement court, c'est-à-dire qu'il ne se sert pas de son arrière-main pour se propulser. Voyez comme celui-ci donne l'impression de trotter en descente.

LE TROT MOYEN

Le trot moyen est la progression naturelle après l'allongement au trot. Dans cette variante, les foulées sont très clairement plus longues sans pour autant donner une impression de précipitation. Le cavalier autorise sa monture à porter le chanfrein un peu plus en avant de la verticale, et le cheval abaisse légèrement l'encolure et la tête. Le trot moyen est un vrai symptôme de développement de l'impulsion.

Pour acquérir le trot moyen, il faut développer l'élasticité de la ligne du dessus. On entend par ligne du dessus la ligne qui va de la nuque à la queue du cheval vu de côté. Le cheval tend sa ligne du dessus en étirant et en arquant son encolure mais aussi en montant le dos.

C'est une démonstration de souplesse longitudinale, qui montre combien il est facile au cheval de se tendre et de se resserrer entre l'arrière et l'avant. Un observateur au sol peut véritablement voir le cheval allonger et raccourcir sa colonne vertébrale ; le changement est suffisant pour être visible pour un œil attentif.

Correction d'un mauvais trot moyen

Tant que le cavalier n'a pas dûment développé la capacité d'allongement de sa monture, il est impossible d'en tirer un trot moyen correct. À ce stade du travail, le cheval manifeste souvent des défauts caractéristiques reflétant les erreurs faites lors du travail des bases.

▲ Un bon trot moyen vient du développement de l'élasticité de la ligne du dessus.

▲ Avec son dos creux et ses postérieurs au loin, ce cheval est incapable de produire l'énergie dont il a besoin pour développer un trot moyen correct.

La première sur la liste, c'est le cheval qui se déplace le chanfrein derrière la verticale. La faute en incombe à une main trop présente ; il suffit pour résoudre le problème de décontracter et de céder plus dans la main et le coude.

Le cheval qui travaille à l'envers

Le cheval peut aussi se mouvoir au-dessus de la main, le dos creux et les antérieurs faisant tout le travail, ou en combinant tous ces problèmes. Ces défauts sont le signe d'un cheval qu'on a autorisé à « courir » au lieu de travailler dans son dos et de produire de l'énergie grâce à l'utilisation accrue de ses jarrets et de ses hanches. Ce cheval est dit « à l'envers », ce qui signifie qu'il a perdu la tension de la ligne du dessus, le contact avec la main du cavalier ainsi qu'avec sa propre arrière-main. Ce problème peut être résolu par un travail alternant de brefs intervalles de trot moyen et des retours au trot de travail ou au trot rassemblé, ce qui encourage le cheval à étirer et tendre sa ligne du dessus suivant la variante du trot.

Durant le travail sur cette allure, gardez bien à l'esprit que l'on développe le trot moyen, on ne l'initie pas.

LE TROT RASSEMBLÉ

▲ Dans un trot rassemblé correct, le déplacement du cheval doit sembler montant, comme s'il grimpait une légère côte.

Dans la définition classique, les critères du cheval au trot rassemblé incluent de rester « dans la main » tout en allant de l'avant, l'encolure relevée et arrondie, les jarrets fléchis et engagés se déplaçant bien sous la masse. Quand le cheval engage les postérieurs et fléchit ses jarrets, les hanches s'abaissent alors que l'avant-main s'allège, ce qui donne l'impression que son corps est construit sur une pente ascendante. Les foulées du cheval sont plus courtes que dans les autres trots ; l'impulsion, l'élasticité et la cadence restent constantes.

Correction des défauts du trot rassemblé

On repère aisément un cheval dont le trot rassemblé n'est pas bon. La croupe n'est pas abaissée et l'avant-main semble sur la même ligne que les hanches, voire en deçà. Le dos est contracté et creux, les postérieurs au loin. Là encore, le problème est généralement dû à une main trop dure.

Sans tact et un dosage neutre entre aides propulsives et aides de retenue, le cheval est dans l'incapacité de raccourcir ses foulées sans perdre l'activité de ses postérieurs et il ne peut donc reporter plus de poids sur les hanches.

Les aides propulsives doivent prédominer. Vous savez que vous êtes juste quand l'arrière-main reste active et que vous pouvez passer directement du trot rassemblé à n'importe laquelle des autres variantes de l'allure.

◄ Trop de main et pas assez d'aides propulsives mènent souvent à un dos creux et des foulées raccourcies au lieu d'un trot rassemblé.

LE TROT ALLONGÉ (OU EN EXTENSION)

Quand le cavalier parvient enfin au stade du trot allongé, il lui faut comprendre une chose : la seule différence entre un trot rassemblé et un trot allongé réside dans la distance parcourue. Dans les allongements, on demande au cheval de couvrir autant de terrain que possible, toujours dans l'équilibre.

▲ Les lignes montrent l'angle égal que forment les membres.

En quoi cela consiste ?

C'est la manifestation ultime de l'impulsion, le cheval semble bondir en s'aidant de l'arrière-main. Dans la norme du dressage classique, les antérieurs doivent frapper le sol à l'endroit où ils pointent et le mouvement des antérieurs et des postérieurs couvrir le même terrain (voir encadré page 154 sur le débat entre trot « de concours » et le travail classique).

Correction des défauts dans le trot allongé

Fondamentalement, les défauts au trot allongé sont les mêmes qu'au trot moyen, simplement exagérés par le mouvement. Le dos du cheval se creuse encore plus. Les antérieurs peuvent présenter un geste spectaculaire mais l'arrière-main ne fonctionne quasiment pas. Comme au trot moyen, le travail alternant trot allongé et autres trot est très utile.

► Les défauts tels que le dos creux et les postérieurs au loin sont exagérés au trot allongé.

LEÇON N° 13 Trot enlevé et trot assis

L'aspect fondamental du trot, celui qu'on ne peut négliger, c'est la manière pour le cavalier de se confronter à ses deux temps. Cela semble évident pour les cavaliers un peu aguerris mais pour le novice, comment monter le trot au mieux est toujours une grande question. Pour le pas, aucun problème, on reste assis dans la selle, et dans la plupart des cas il en va de même pour le galop. Mais au trot, le cavalier a plusieurs options.

▲ Trot enlevé.

Le trot enlevé

L'une des premières choses que l'on enseigne en équitation, c'est le trot enlevé, qui permet au cavalier de s'équilibrer et d'aller de l'avant avec le mouvement.

Grâce aux deux temps du trot, si le cavalier se lève sur un temps et s'assied sur le suivant, il saute le « rebond » de l'allure, ce qui rend plus facile le trot enlevé tant pour le cavalier que pour le cheval. Le cavalier doit garder ses pieds à l'aplomb sous son corps et dans l'alignement tête-hanches-talons, même sur le temps levé.

Dans les premières phases de l'apprentissage, le cavalier a souvent tendance à tirer son corps hors de la selle plutôt qu'à laisser le cheval l'en pousser. Lorsque l'on monte correctement, l'énergie du cheval donne une petite impulsion qui pousse le cavalier hors de la selle. Je peux facilement dire quand le cavalier se sert uniquement de sa propre énergie si, quand il demande le trot, il commence à se lever avant même la transition effective.

Pensez à vos coudes

Le trot enlevé donne aussi l'occasion de mieux comprendre l'importance de la position des coudes. Quand le cavalier s'assied, l'angle du coude se ferme. À l'inverse, quand il se relève, il s'ouvre.

La variation de l'angle varie en fonction de nombreux facteurs (l'amplitude du trot, la longueur des rênes, etc.), mais il ne peut pas ne pas y avoir de changement. En effet, l'élasticité des coudes est indispensable (voir leçon n° 4, page 48), de même que le développement du sens du contact avec la bouche.

Il y a une très nette différence entre trotter sur le bon pied et trotter sur le mauvais : c'est une différence qui se voit et qui se sent.

Trouver le bon diagonal

Au trot enlevé, il faut aussi faire attention à ce qu'on appelle « le diagonal ». Ce mot courant en équitation signifie ici que le cavalier doit être synchronisé sur le trot du cheval. Il y a une très nette différence entre trotter sur le bon diagonal et trotter sur le mauvais. Une différence qui se voit, et qui se sent.

Pour trotter sur le bon diagonal le cavalier se lève (sort de la selle) quand l'antérieur externe (le plus proche du mur) avance, et s'assied quand il recule.

Si le mouvement n'est pas correct, il n'a qu'à rester assis un temps de plus, c'est-à-dire qu'il passe un nombre pair de temps assis dans la selle. Un nombre impair de temps, trois par exemple, le ramène sur le diagonal du départ ; le cavalier n'est toujours pas synchronisé sur le cheval.

▲ Trot assis.

Le trot assis

Le trot enlevé s'utilise pendant l'apprentissage pour aider le cavalier à acquérir la maîtrise de son corps et celle de son cheval. Une fois ces compétences établies, il passe à la position assise. Apprendre à s'asseoir au trot fait partie de la route, souvent longue, vers une assiette indépendante.

Même après avoir appris à s'asseoir correctement, le cavalier n'en a pas moins besoin de trotter enlevé régulièrement. En effet, tous les chevaux doivent être détendus au trot enlevé. Trotter assis trop tôt, avant que le dos du cheval ne soit échauffé, peut provoquer une tension et gêner la mobilité du dos. Avec les jeunes chevaux, la plupart du travail au trot doivent être exécutés au trot enlevé jusqu'à ce que le dos se soit musclé.

LES AIDES DU TROT

La première chose à garder à l'esprit dans l'application des aides de trot, c'est que par la nature du mouvement (allure à deux temps, chaque bipède diagonal avançant en alternance), le trot a besoin du soutien des deux jambes du cavalier (qui fonctionnent en simultané dans une seule action). C'est là une différence importante par rapport au pas, qui nécessite une action alternée.

Pour préparer le cheval à une transition montante au trot, le cavalier met en jeu la totalité de ses aides : assiette, jambes et mains, avec parfois un peu d'aide de la cravache ou des éperons.

- **Pour commencer, le cheval doit savoir qu'une transition arrive ; prévenez-le avec des demi-arrêts.**
- **Mollissez ensuite légèrement sur le contact pour qu'il sente que vous lui ouvrez la porte (par opposition à un cavalier qui tire sur les rênes ou fige les mains tout en demandant le mouvement en avant).**
- **Presque simultanément, agissez avec les deux jambes en allégeant votre assise.**

LEÇON N° 14 Le galop

Comme les autres allures, la cadence est la clé de voûte d'un bon galop. Voici la définition de la FEI : « Le galop est une allure à « trois temps » [...] suivi par un temps de projection des quatre membres, avant le début de la foulée suivante. Le galop, toujours avec des foulées régulières, cadencées et exécutées dans la légèreté, doit être entamé sans hésitation. La qualité du galop se mesure par l'impression d'ensemble, la régularité et la légèreté des « trois temps » – provenant de l'acceptation de la bride, avec une nuque souple et de l'engagement de l'arrière-main [...] le cheval devant toujours rester droit sur les lignes droites. »

Comme pour le pas et le trot, il y a plusieurs variantes de galop – pas, allongement, galop moyen, galop rassemblé et galop allongé. Mais le plus important, dans tous les cas, est de galoper à juste (voir leçon n° 15, page 112).

▲ Galop de travail.

▲ Galop moyen.

▲ Galop rassemblé.

▲ Galop allongé.

▲ Un bon galop de travail.

LE GALOP DE TRAVAIL

Le galop de travail est le plus essentiel de tous les galops, comme son nom l'indique – c'est l'allure à laquelle on travaille le cheval, ainsi que le point de départ des autres galops. Sur le spectre de l'allure, il se situe entre le galop moyen et le galop rassemblé.

Les critères d'un bon galop de travail sont nombreux : tout d'abord le cheval doit rester sur la main et se porter en avant avec des foulées régulières et actives, exécutées dans la légèreté. Signe distinctif d'un galop de travail de qualité : le cheval semble suivre une ligne ascendante et bondir en avant. Par « ascendante », j'entends que l'avant-main se relève quand le cheval se propulse par son postérieur externe. En termes biomécaniques, dans la première phase (le galop, qui a trois temps, compte au total six phases), le cheval reporte tout son poids (et celui du cavalier) sur son postérieur externe avant de bondir en avant. En fléchissant toutes les articulations des postérieurs, et plus particulièrement les jarrets, il s'élance en avant (dans l'idéal le plus loin possible), ses postérieurs se rapprochant de son centre de gravité. La sixième phase est un temps de projection, où les quatre membres ont quitté le sol.

Plus le cheval s'élève dans ce temps de projection, meilleur est le galop. Pour obtenir un galop de cette qualité et le conserver, imaginez chaque fin de la séquence de trois temps/six phases comme un nouveau départ au galop. Ainsi, vous rafraîchissez en permanence vos aides, et donc votre galop.

Correction des défauts du galop de travail

Un bon galop de travail nécessite une grande attention du cavalier quant à la traction de son cheval. Il faut en permanence se demander ce que font ses postérieurs. Bien trop souvent, le cavalier autorise sa monture à galoper sur les épaules. Le cheval jette ses antérieurs en avant, les postérieurs au loin ; il galope à l'envers.

Une autre erreur est fréquente : le cavalier qui pousse le cheval à se précipiter pour entretenir le galop et éviter qu'il ne rompe l'allure. Mais la vitesse ne résout pas le problème essentiel ici. Le cheval retombe dans le trot parce que l'arrière-main (son moteur) ne s'engage pas sous la masse pour le propulser. Au galop, des demi-arrêts gardent le cheval attentif et conservent l'engagement.

Galop désuni

Le galop peut parfois être désuni, ou à quatre temps. Lorsque le galop est dit désuni, le cheval galope sur un pied des antérieurs et sur l'autre pied des postérieurs. Un cheval au galop désuni vous donne l'impression de monter une machine à laver le linge en cycle essorage. Ce défaut vient le plus souvent d'un manque d'équilibre ou de coordination chez le cheval.

Le cavalier ne doit pas laisser sa monture dans cette allure défectueuse, il doit la ramener au trot avant de demander un nouveau départ au galop. Si le problème se pose de nouveau, il faut probablement se pencher plus sérieusement sur la question pour savoir si la cause en est l'équilibre et la coordination, en poussant peut-être jusqu'à une visite du vétérinaire.

Galop à quatre temps

Dans le galop à quatre temps, le bipède diagonal ne frappe pas le sol simultanément et le temps de projection disparaît presque totalement. Ce grave défaut vient souvent d'un cavalier qui pousse trop avec une main trop dure. Il peut aussi surgir quand l'équilibre du cavalier et sa position sont mauvais. Se mettre en équilibre et laisser le cheval aller librement de l'avant peut apporter un mieux.

Testez votre monture en extérieur. Si elle galope alors normalement, vous manquez probablement de décontraction dans votre travail en manège ; vous devez insister sur les assouplissements avant de galoper.

▲ Ce galop n'est pas bon : l'encolure est contractée et les postérieurs sont au loin, tandis que les antérieurs frappent lourdement le sol.

▲ Voici un allongement net, en avant, dans un bon équilibre, comme le prouve l'inclinaison de la ligne de la croupe à la nuque.

▲ Dans cet allongement au galop, le cheval est sur les épaules, les postérieurs au loin, ce qui change énormément l'inclinaison de la ligne.

L'ALLONGEMENT AU GALOP

Dans le travail de développement du galop moyen, le cavalier, tout comme il le fait pour le trot moyen, doit ruser en passant par une étape intermédiaire, l'allongement. Pour le cheval destiné à une carrière d'obstacle ou de complet, la variation d'amplitude de la foulée est impérative, car ils ont un contrat de foulées à respecter avant l'obstacle.

Rappelons un principe fondamental (voir page 98) : l'allongement est le développement athlétique de la souplesse longitudinale du cheval. C'est vrai aussi au galop. Le cavalier demande à sa monture de se mouvoir avec des foulées plus longues puis de revenir à un galop de travail dans la décontraction. La qualité de ce travail est directement liée aux demi-arrêts exécutés par le cavalier.

Correction des défauts de l'allongement

Ici, la vitesse n'est pas le but du jeu mais c'est souvent le résultat involontaire de la demande d'allongement du cavalier, avec pour conséquence un cheval qui tombe sur les épaules. Comme avec les autres allures, la dureté de la main est l'erreur la plus fréquente.

En réponse à un cavalier dont la main se durcit pour ramener le cheval au galop de travail, celui-ci se contracte dans le dos, l'encolure et la nuque. Pour obtenir un bon galop de travail, les actions doivent être exécutées dans le bon ordre : les aides de poids, de jambe puis de main.

LE GALOP MOYEN

Comme le trot, le galop moyen ne s'initie pas, il se développe. Il s'intercale entre l'allongement au galop et le galop allongé. Au galop moyen, on autorise au cheval un placer légèrement en avant de la verticale et, dans le même temps, un léger abaissement de l'encolure et de la tête, la nuque restant le point le plus haut.

Le mot « engagement » (voir encadré page 162) est prépondérant à ce stade de l'apprentissage. Le cavalier doit réellement s'efforcer de monter le cheval d'arrière en avant à l'aide de demi-arrêts, développant ainsi la capacité de celui-ci à se détendre comme un ressort.

Correction des défauts du galop moyen

On voit souvent des cavaliers se pencher en arrière au galop moyen et au galop allongé, ce qui leur vaut d'être en retard sur le mouvement. Si le cheval a été bien préparé à l'augmentation de l'impulsion et s'il se propulse par l'arrière-main, il vaut mieux au contraire s'asseoir légèrement en avant, comme si l'on transférait légèrement le poids du corps vers la position à midi (voir leçon n° 6, page 67), soulageant légèrement le dos du cheval même si ce n'est que pour les quelques premières foulées. Grâce à cet ajustement des aides de poids, le cheval peut plus facilement se porter en avant dans l'équilibre.

Autre erreur courante : le cavalier demande un galop moyen sur la totalité de la grande diagonale ou du grand côté d'un manège. Pour que le cheval puisse développer un galop moyen correct, on ne doit lui demander que sur de brèves distances, avec des transitions fréquentes. Cette approche rend la ligne du dessus plus souple et aide le cheval à développer la propulsion qui doit lui venir de ses hanches.

EN HAUT : Dans un galop moyen correct, le cheval se propulse depuis les hanches, en bondissant légèrement vers le haut.

EN BAS : ce cheval est contracté et raide, le chanfrein derrière la verticale.

LE GALOP RASSEMBLÉ

Si le galop moyen correspond au moment où le cheval développe la capacité à se mouvoir tel un ressort qui se détend, le galop rassemblé correspond au moment où il est entièrement comprimé. Au galop rassemblé, les foulées sont plus courtes et le mouvement, tant dans la sensation que dans l'aspect visuel, évoque celui d'un cheval à bascule.

Il est important que le cheval reste dans la main et se déplace l'encolure relevée et arquée. Ainsi, les épaules sont plus libres et plus mobiles, et le cheval possède deux attributs importants : il se porte lui-même et se déplace dans un équilibre montant.

Correction des défauts du galop rassemblé

Puisque vous avez lu les allures dans l'ordre du pas, du trot, et maintenant du galop, vous devinez sûrement quelle est la première source des défauts du galop rassemblé : une main trop dure, qui contracte l'encolure et la nuque et détruit le véritable rôle de l'arrière-main, entraînant par conséquent un dos creux, une croupe relevée et, une fois encore, l'absence de toute utilisation des hanches.

EN HAUT : Au galop rassemblé, le rôle de l'arrière-main et l'énergie montante des foulées sont encore plus évidents qu'au galop moyen.

EN BAS : Trop de main, ce qui contracte l'encolure et la nuque, où se perd l'énergie qui devrait venir de l'arrière-main.

▲ Ici, on voit clairement le temps de projection né des grandes foulées bondissantes d'un bon galop allongé.

LE GALOP ALLONGÉ

Dans le travail, le galop allongé est l'allure la plus ample. On demande au cheval de bondir en avant avec d'immenses foulées, mais sans pour autant se précipiter. Le cheval doit couvrir le maximum de terrain possible. Il doit rester calme, léger et droit. Aussi énergique que soit le galop allongé, le mouvement tout entier doit être bien équilibré et la transition vers le galop rassemblé ou le trot doit passer tout en douceur.

Pour véritablement apprécier la beauté du mouvement, regardez une vidéo de l'un des cavaliers membres de l'élite mondiale de dressage. Un cheval qui jaillit dans le galop avec de puissantes foulées, les postérieurs engagés sous la masse, avant une transition instantanée au galop rassemblé, est un spectacle à couper le souffle. Cette transition tout en douceur et en souplesse vient de l'impulsion générée dans le galop allongé et conservée dans la transition au galop rassemblé. Ce genre de galop est un véritable exercice à faire et à refaire.

Correction des défauts du galop allongé

L'énergie et la difficulté d'exécuter un galop allongé sur la grande diagonale d'un manège de 20 m x 60 m sont énormes. En route, on perd souvent la décontraction (voir leçon n° 21, page 137). Or, une tension excessive entraîne la perte de rythme : le dos se raidit et se creuse, l'arrière-main se désengage, l'encolure et la nuque se contractent. Le galop allongé ne doit pas vous donner l'impression de chevaucher un pur-sang au prix de Diane. Le cheval couvre plus de terrain grâce à la puissante poussée venant de l'arrière-main, non parce qu'il fait la course.

Le bon moyen pour s'entraîner au galop allongé, ce sont de fréquentes transitions galop moyen/allongé/moyen. N'oubliez jamais d'accentuer vos aides propulsives dans les transitions descendantes sans mettre plus de main. Cela peut sembler paradoxal, mais il faut en fait mettre plus d'aides propulsives pour inciter le cheval à mobiliser son dos en reportant plus de poids sur l'arrière-main.

▲ Contracté dans la mâchoire, l'encolure et le dos, ce cheval est parfaitement incapable de se pousser correctement par l'arrière-main. Remarquez la différence, sur cette photo et celle page 110, entre la position du cavalier et l'expression des oreilles du cheval.

LES AIDES DU GALOP

Tout comme il y a trois règles d'or pour ouvrir un commerce (*l'emplacement, l'emplacement et encore l'emplacement*), il y a trois règles d'or quand on veut un bon galop : *l'entraînement, l'entraînement et encore l'entraînement*. La qualité du trot détermine celle du galop ; le cavalier a besoin d'un trot de bonne qualité et d'un ou plusieurs demi-arrêts pour se préparer. Ceux-ci engagent les postérieurs plus loin sous la masse, vers le centre de gravité, ce qui facilite le départ au galop.

Voici un exemple de séquence pour une bonne transition trot/galop :

- Commencez par prendre un bon trot, et préparez la transition à l'aide d'un ou plusieurs demi-arrêts.
- D'une position bien assise (les deux ischions pesant dans la selle), déplacez le poids du corps vers l'ischion intérieur, légèrement en avant (à 2 heures pour un galop à droite).
- Dans le même temps, agissez par une pression de la jambe interne (droite) à la sangle, déplacez la jambe externe en jambe de position légèrement en arrière de la sangle, avant d'agir brièvement avec celle-ci.
- Vos mains demandent l'incurvation à droite, par une rêne interne qui agit et cède et une rêne gauche qui régule, contrôlant l'incurvation et empêchant l'épaule gauche de s'échapper.
- À l'instant où le cheval prend le galop, la rêne droite (qui agit) doit céder pour laisser le cheval libre de galoper. De là, servez-vous des aides de poids et de jambe pour garder le cheval en avant et le galop actif.

LEÇON N° 15 Galop à droite, galop à gauche

Maintenant que nous avons expliqué toutes les variantes du galop, il reste un élément fondamental pour toutes : sur quel pied galopez-vous ? Dans cette allure à trois temps, un bipède latéral va chercher plus loin en avant, marquant un galop sur le pied gauche (galop à gauche) ou sur le pied droit (galop à droite). Comme avec les bipèdes diagonaux du trot enlevé, un galop sur le bon pied (à juste) fait une différence considérable pour l'équilibre du cheval comme pour celui du cavalier.

Sur quel pied galope-t-on ?

Pour être sur le bon pied, à main droite, l'antérieur droit (interne) doit toujours mener ou être légèrement en avant de l'antérieur externe. Quand vous changez de main, le cheval doit habituellement prendre le galop à gauche, ce qui signifie que l'antérieur gauche avance toujours légèrement plus loin que le droit. Un galop sur le bon pied est dit « à juste ».

Un galop à gauche délibéré alors que vous êtes à main droite est appelé « contre-galop ». En revanche, si vous l'avez pris par erreur, vous êtes simplement au galop à faux.

▲ Ce cheval galope sur le bon pied (dans le cas présent, le gauche).

▲ Ce cheval, à faux, est clairement déséquilibré.

LE SECRET D'UN BON GALOP

D'après mon expérience, le galop a tendance à être vu comme LE test d'aptitude à cheval. Avant ce stade, la plupart des cavaliers ont l'impression de ne faire qu'apprendre ce qu'il faut pour pouvoir enfin galoper. Par certains aspects, c'est vrai, mais c'est aussi accorder au galop une importance monumentale, qui s'accompagne pour le cavalier d'une appréhension superflue.

Les cours en longe sont la meilleure approche du galop. Si vous n'avez pas besoin de vous inquiéter de la direction ni de la vitesse, le corps a l'occasion d'assimiler ce nouveau mouvement et ses trois temps.

Même quand vous n'êtes plus en longe, prenez du temps pour travailler votre position et vos aides au pas et au trot, et pour gagner en efficacité en montant avec une bonne cadence et de la régularité, de bonnes transitions et des demi-arrêts. Le galop ne sera qu'une étape naturelle dans votre progression équestre.

LEÇON N° 16 L'arrêt

Un professeur a dit un jour à une cavalière que la meilleure allure de son cheval était l'arrêt. Ce commentaire cruel donnerait un coup au cœur de n'importe quel propriétaire, mais pourrait comporter une part de vérité. Un bon arrêt est important, et il faut beaucoup plus pour amener un cheval à l'immobilité qu'un coup de frein. Outre le fait que la qualité de l'arrêt doit beaucoup à celle des allures avant et après, la FEI a des critères nombreux et intransigeants :

« À l'arrêt, le cheval doit rester attentif, engagé, immobile et droit, d'aplomb sur ses quatre membres, les antérieurs et postérieurs restant de pair, côte à côte. L'encolure est soutenue, la nuque étant le point le plus haut, le chanfrein, légèrement en avant de la verticale. Maintenu *dans la main*, et gardant un léger et moelleux contact avec la main du cavalier, le cheval peut tranquillement mâcher son mors ; il doit être prêt à porter en avant à la moindre indication de son cavalier. »

Pourquoi l'arrêt est-il important ?

Première réponse évidente : on peut y récolter des points en concours. Certes, mais une épreuve de dressage doit être le reflet du travail quotidien. Un bon arrêt est la preuve de l'équilibre, de la rectitude et du contact. Ce n'est pas un coup de chance mais plutôt le fruit d'un travail réfléchi, cohérent et correct.

Le secret d'un bon arrêt

La FEI décrit l'arrêt comme un « déplacement du poids du cheval sur l'arrière-main par une action correcte et croissante de l'assiette et des jambes du cavalier, poussant le cheval en avant sur une main qui le retient de plus en plus, mais souple afin d'obtenir un arrêt presque instantané, jamais brutal, à l'endroit demandé. »

Il convient de noter qu'une fois encore, les aides sont, dans l'ordre, l'assiette, les jambes puis les mains. Le cheval doit être préparé à la transition descendante par des demi-arrêts (voir leçon n° 29, page 178). Quand il commence à se soutenir, agissez de la même façon avec votre assiette, fermez les jambes un peu plus, puis retenez-le légèrement de la main. Utilisez vos aides dans cet ordre, mais presque simultanément.

Si vous allégez vos aides de main (imaginez que vous « arrêtez de monter ») à l'instant de l'achèvement de la transition descendante, le cheval devrait s'arrêter avec légèreté, au carré. Les postérieurs doivent être largement engagés sous la masse, et non pas traîner derrière.

▲ Un bon arrêt est carré et droit.

Correction des défauts de l'arrêt

Si le cheval recule au moment de l'arrêt ou s'ouvre, la faute vient généralement des mains du cavalier qui a probablement continué d'agir au lieu de céder ou d'alléger le contact.

Les erreurs possibles dans l'arrêt sont innombrables. En voici quelques-unes :

- **L'arrêt n'est pas d'aplomb.** Le cheval doit se tenir les membres d'aplomb sous lui, de pair et côte à côte. Un postérieur en arrière ou un antérieur en avant sont le symptôme d'une répartition inégale du poids sur les quatre membres : le cavalier a cessé de monter avant d'avoir poussé les postérieurs sous la masse dans l'arrêt.
- **L'arrêt n'est pas droit.** Après le doubler dans la longueur, l'arrêt s'accompagne d'un bref dérapage des hanches sur le côté. Le cavalier, probablement, tente de garder le cheval droit dans ses mains au lieu de le garder droit dans ses jambes.

▲ Cet arrêt n'est pas carré, le poids du cheval n'est pas réparti également sur ses quatre membres.

- **Le cheval est sur les épaules.** Le cheval s'arrête mais avec tout son élan sur l'avant-main. Dans les cas extrêmes, il peut même avoir l'air de plonger. La raison en est un mauvais dosage entre actions de main et de jambe.
- **L'arrêt est trop brutal.** Le cavalier doit préparer l'arrêt par une série de demi-arrêts pour permettre une transition en douceur. S'il ne prévient pas de l'arrêt, le cheval risque de ressentir l'arrêt comme un violent coup de frein.
- **L'arrêt est trop lent.** À l'opposé d'un arrêt brutal il y a le cheval qui s'arrête comme un train qui décélère. Soit il ignore les aides et les traverse, soit il ne reçoit pas un message suffisamment clair pour percevoir l'intention du cavalier.
- **Le cheval ne se tient pas immobile dans l'arrêt.** Celui-là n'a pas appris à tenir l'arrêt tant que le cavalier ne demande pas autre chose. Il s'ouvre, fait des pas de côté, caracole sur place.

LES BONNES HABITUDES DE TRAVAIL FONT LES BONS ARRÊTS

L'erreur la plus répandue, c'est un travail quotidien où l'arrêt est absent. Il y a déjà tant de choses à perfectionner – le trot, les transitions, le fonctionnement de dos – qu'on le laisse de côté. Tout du moins jusqu'au jour du concours… Et voilà que cet exercice jusque-là négligé devient tout à coup primordial.

Après tout, chaque reprise de dressage compte deux arrêts (un seul dans l'épreuve de dressage du complet). Quoi d'étonnant à ce qu'un cheval discute et se défende quand on lui demande un arrêt correct alors que la dernière fois qu'il a vu cet exercice, c'était au concours précédent ?

Le problème vient en partie du fait que l'arrêt ne sert souvent qu'à faire des choses annexes : ressangler, enlever sa veste, converser avec son instructeur… C'est certes pratique, mais habituez-vous à vous entraîner à l'arrêt proprement dit avant de marcher rênes longues et de demander un autre arrêt décontracté, afin que le cheval sache bien quand il est au travail et aux ordres, même à l'arrêt, et quand il n'y est plus.

LEÇON N° 17 Le reculer

Si vous travaillez les allures et l'arrêt progressivement, méthodiquement, vous aurez acquis tous les éléments nécessaires du répertoire des mouvements indispensables à l'équitation, toutes disciplines confondues, sauf un : le reculer. Les chevaux sont en effet capables de marcher à reculons, et le reculer est l'exercice correspondant.

Le reculer n'est pas un exercice à introduire dans le travail avec un jeune cheval. Nombre de gens croient qu'un cheval devrait savoir reculer sans problème mais c'est en fait loin d'être un exercice facile, et il n'est pas considéré comme relevant du travail élémentaire.

Définition du reculer

Pour un non-cavalier à qui l'on demande la définition du reculer, c'est un cheval qui marche à reculons, le cavalier se servant des rênes pour demander le mouvement en arrière. Réponse simple mais incomplète.

> **RECULERS EN SÉRIE**
>
> **Bien que cet ouvrage n'aborde pas les exercices avancés, il est important de savoir que le reculer devient de plus en plus difficile au fur et à mesure qu'un cheval devient plus confirmé dans le travail. Les reculers en série (ou *Schaukel*, le terme allemand) sont la combinaison de deux reculers entre lesquels s'intercalent quelques foulées de pas (le reculer doit être solidement établi avant d'enseigner les reculers en série à un cheval).**
>
> **La difficulté de cet exercice réside dans la différence entre la séquence des battues dans le pas et dans le reculer. Souvenez-vous que le pas est une allure à quatre temps et le reculer, à deux. Notre condition humaine bipède nous rend difficilement imaginable la difficulté pour un quadrupède de modifier brutalement ses battues.**

Bien que le cheval ait effectivement simplement l'air de marcher à reculons, les membres se déplacent en fait sur un rythme à deux temps plus proche du trot.

Encore une fois, la FEI a une réponse officielle à offrir : « Le reculer est un mouvement rétrograde, symétrique, dans lequel les membres se lèvent et se posent par paires. Les pieds doivent se lever nettement et les postérieurs rester bien en ligne. [...] le cheval doit rester "dans la main" tout en conservant le désir de se porter en avant ».

En quoi le reculer est-il important ?

Le reculer est considéré comme un signe de « perméabilité » du cheval aux aides. Vous trouverez plus de détails sur cette notion dans le chapitre sur l'échelle de progression (page 123), mais l'idée maîtresse est qu'il est un partenaire de bonne volonté et obéissant, toujours prêt à répondre à la moindre demande du cavalier. Globalement, le reculer met à l'épreuve la soumission du cheval. Il favorise aussi la souplesse et améliore le rassembler.

Comment demander le reculer ?

Avant de pouvoir travailler le reculer, il faut réussir un arrêt correct. Le cheval doit se tenir d'aplomb, le poids également réparti sur ses quatre membres.

Les aides du reculer sont très semblables aux aides de la transition arrêt/pas. Servez-vous de votre assiette et d'actions de jambe alternatives comme si vous demandiez le mouvement en avant au pas. À l'instant où vous sentez une amorce de réponse, inversez cette énergie pour la transformer en mouvement en arrière en ne cédant pas dans la main.

Dès qu'il recule, allégez le contact sans pour autant le perdre. Au début, quelques pas de reculer constituent une réponse suffisante. Au fil du temps, vous devriez pouvoir lui demander un nombre de pas précis.

▲ Le bon reculer.

▲ Ce reculer s'effectue dans la précipitation et le déséquilibre, avec un cheval contracté.

Correction des défauts du reculer

Non contente de donner une définition complète du reculer, la FEI dresse la liste des fautes souvent observées dans cet exercice : « Toute anticipation ou précipitation du mouvement, toute résistance ou défense à la main, toute déviation des hanches ou tout écartement ou paresse des postérieurs, tout *traîner* des antérieurs sont des fautes graves. »

Pour les corriger, posez le diagnostic puis entamez un traitement en douceur. Exercez votre cheval en main au reculer pour lui faire comprendre que son corps en est capable.

De là, essayez d'alléger le poids sur son dos quand vous demandez le reculer, en vous asseyant avec un peu plus de légèreté. Il ne s'agit aucunement de vous pencher en avant, mais simplement de moins peser sur vos ischions. Assurez-vous aussi que votre cheval est correctement détendu et qu'il se déplace dans une attitude de décontraction. La tension génère en effet la résistance et la défense à la main.

LEÇON N° 18 Les transitions

L'objectif ultime de ces fondamentaux équestres est de transformer le cheval en véritable athlète travaillant dans le respect et l'harmonie avec son cavalier. Les transitions sont un élément primordial dans ce processus. Une transition galop/trot dans la fluidité, par exemple, met à l'épreuve les capacités athlétiques du cheval, car à moins d'un développement musculaire correct, il se contentera de tomber dans le trot plutôt que de se déplacer avec coordination et équilibre.

L'obéissance est évidemment indispensable elle aussi : sans elle, les transitions seront paresseuses ou mal à-propos.

Qu'est-ce qu'une transition ?

Une transition est le passage d'une allure à une autre, ou des changements/variations au sein d'une même allure. La FEI se montre plus explicite : « Les changements d'allure et de vitesse doivent s'effectuer avec netteté à la lettre prescrite ; ils doivent être exécutés rapidement, mais avec moelleux et sans brusquerie. La cadence antérieure est conservée jusqu'au moment où le cheval prend l'allure nouvelle ou marque l'arrêt. Le cheval doit rester léger à la main, calme et garder un placer correct. »

On peut classer les transitions en deux catégories : les transitions *entre* allures et les transitions *dans* l'allure. La plus évidente des deux est bien évidemment la première, qui se décompose en transitions montantes (d'une allure à une allure supérieure, par exemple du trot au galop) et descendantes (d'une allure à une allure inférieure, par exemple du trot au pas). En revanche, le passage d'un trot allongé à un trot rassemblé, par exemple, est une transition dans l'allure.

Bien qu'une excellente équitation puisse laisser croire à une sorte de prescience surnaturelle du cheval, il n'a en réalité aucune idée de ce qui va suivre si le cavalier ne le lui dit pas.

En quoi les transitions sont-elles importantes ?

Les transitions ne sont pas de simples changements de vitesse pour le cheval ; elles sont des exercices de plein droit. Dans une transition montante du trot au galop, par exemple, on travaille sur la musculature du cheval et sa réactivité aux aides. Il en va de même pour toutes les transitions, que ce soit dans l'allure ou entre allures.

Pensez à un bon cavalier comme quelqu'un qui a à sa disposition une boîte à outils pleine d'exercices, de techniques et d'idées utiles pour développer et travailler correctement un cheval. La transition est un de ces outils qu'il vaut mieux avoir toujours sous la main.

Les transitions sont également essentielles au travail global d'un cheval, tel que mesuré d'après l'échelle de progression. Dans les prochains chapitres, nous allons disséquer l'échelle de progression mais il importe seulement, pour le moment, de comprendre que ce sont les transitions qui lui donnent vie. Sans des transitions bien exécutées, le cheval lutte pour trouver équilibre, cadence et décontraction.

QUIZ SPÉCIAL « TRANSITIONS »

Voici une petite question pour les cavaliers de dressage : dans une reprise, combien de temps le juge passe-t-il à évaluer la qualité de vos transitions ?

Réponse : près de 50 % du temps. C'est-à-dire que votre reprise est pour moitié jugée sur l'exécution de vos transitions. Voilà qui vous donne une idée de leur importance.

Lisez le texte et le barème de notation de chaque reprise de dressage, des reprises club aux Grand Prix. Vous y trouverez des transitions en abondance. J'ai un jour entendu une juge de dressage de grande expérience remarquer qu'elle était beaucoup plus favorablement impressionnée par une bonne transition que par un changement de pied en l'air.

À QUOI RESSEMBLENT DE BONNES TRANSITIONS ?

La marque de fabrique d'une bonne transition, c'est une communication invisible entre le cheval et le cavalier. Visualisez la fluidité du passage entre le trot et le galop, ou le transfert dans l'équilibre et en douceur du galop au pas. Rien à voir avec la vision d'un cheval poussé dans le galop depuis un trot à toute allure, ou de celui qui prend un « coup de sonnette » dans la bouche au moment où son cavalier freine brutalement pour le ramener du galop au pas.

Comment exécuter de bonnes transitions ?

Des transitions fluides et correctes sont avant toute chose le fruit d'aides bien organisées et accordées : assiette, jambes et mains, comme toujours. Le cheval doit répondre à l'action propulsive de la jambe et se soumettre à la main.

Des transitions bien montées requièrent aussi des demi-arrêts (voir leçon n° 29, page 178), le cheval devant être prêt à répondre à vos demandes de transition. L'erreur fatale du cavalier novice, c'est de croire que parce que lui sait qu'il est sur le point d'en demander une, le cheval le sait aussi.

C'est là que les demi-arrêts entrent en jeu. Avec des demi-arrêts exécutés avec précision, le cheval est équilibré et à l'écoute du cavalier, en attente de l'information suivante. Il a « entendu » que quelque chose se préparait ; quoi que ce soit, il se tient prêt.

EN HAUT : La cavalière prépare son cheval au galop par un demi-arrêt.

AU MILIEU : Quand le cheval répond au demi-arrêt, le cavalier se sert de son assiette, de ses jambes et de ses mains pour demander un départ au galop à gauche.

EN BAS : Le cheval s'élance au galop, le cavalier cède alors sur la rêne interne pour ne pas l'entraver dans son élan.

Correction des fautes dans les transitions

Si la demande du cavalier surprend le cheval, il a une réaction bien prévisible et négative. Typiquement, il tombe sur les épaules, se défend et résiste, s'ouvre, creuse le dos ou s'échappe par les hanches.

Pour corriger de mauvaises transitions, rien de mieux que de les décomposer. Prenons par exemple une transition pas-trot. Tout d'abord, il faut établir un pas cadencé, détendu, connecté. Quand vous vous préparez à prendre le trot, soyez sûr d'avoir l'attention de votre cheval. Cédez très légèrement dans la main pour lui indiquer que la porte est ouverte, puis mettez des jambes correctement pour demander le trot. Il doit passer immédiatement des quatre temps du pas aux deux du trot.

S'il a besoin de quatre actions de jambe pour répondre, s'il s'ouvre ou manifeste tout autre signe de résistance, repassez au pas et recommencez, en vous efforçant d'agir avec des aides claires et sans équivoque. Quand vous revenez au pas après une mauvaise transition montante, n'oubliez pas de préparer une transition descendante réussie par des demi-arrêts. Après quelques répétitions de ces transitions, votre monture comprendra qu'elle doit se concentrer à chaque demi-arrêt de votre part. Si vos aides sont cohérentes et correctes, elle se tiendra rapidement prête à vous répondre dès l'instant où vous lui aurez demandé.

PENSEZ TOUJOURS « EN MONTANT »

On comprend aisément pourquoi on parle de transition montante quand on passe d'une allure à une allure supérieure – après tout, on demande au cheval d'accroître son énergie et son effort. Mais penser à des transitions comme étant *descendantes* aboutit souvent à un cheval qui s'effondre dans l'allure inférieure sans énergie ni fluidité.

Pour réaliser de meilleures transitions, pensez *en montant* même pour les descendantes. Par exemple, si vous voulez passer du galop au trot, une fois l'attention du cheval acquise par des demi-arrêts, imaginez que vous montez votre transition galop/trot comme si vous grimpiez une colline. Ainsi, vous continuerez de vous grandir dans la selle et vous éviterez que votre cheval ne plonge. Il exécutera une transition descendante au trot mais dans une énergie *montante*, grâce à la force de propulsion de son arrière-main.

▶ Les oreilles couchées et le fouaillement de la queue sont le signe que ce cheval n'avait pas été prévenu de la transition demandée.

L'ÉCHELLE DE PROGRESSION

L'ÉCHELLE DE PROGRESSION

S'il y a un Saint-Graal dans le monde de l'équitation, il est symbolisé par l'échelle de progression, concept d'apprentissage systématique utilisé par les hommes de cheval du monde entier.

Vous trouverez diverses variantes de l'échelle de progression selon les pays, les Français possédant une version et les Allemands une autre légèrement différente. Mais quelles que soient les variantes, les dresseurs du monde entier sont tous d'accord pour dire qu'elle repose sur la volonté de modeler le cheval sans le dénaturer. Chaque niveau de l'échelle, tout en apportant les éléments indispensables à son développement athlétique, est imprégné d'humanité et d'équité.

Comprendre l'échelle de progression, c'est comprendre et apprécier l'équitation classique. Comme tous les arts dits « classiques », le dressage classique est ainsi nommé parce qu'il a résisté à l'épreuve du temps. Comme la musique classique est la mère du rock, de la pop, de la country et du gospel, l'équitation classique est la mère du saut d'obstacles, du cross-country et de toutes les autres disciplines équestres. Quand un cavalier comprend en profondeur les idées et les principes de l'échelle de progression et les applique avec intelligence, les résultats pour le cheval (et le cavalier également) deviennent réguliers et fiables.

Un peu d'histoire

Les théories scientifiques évoluent, et l'échelle de progression ne fait pas exception à la règle. Comme Rome, elle ne s'est pas bâtie en un jour. Les concepts du dressage évoluent depuis l'époque de Xénophon, 400 ans avant J.-C. qui a été le premier à écrire un ouvrage consacré entièrement au dressage du cheval : *De l'art équestre*. Certes, à cette époque, c'est surtout le « cheval de guerre » qui y est décrit.

Historiquement, les notions de l'échelle de progression sont souvent associées aux divers écuyers militaires qui ont « découvert » les aspects de l'équitation classique. Les écuyers militaires allemands et français ont joué un rôle tout particulièrement important. Au XVIIe siècle, c'est un homme du nom d'Antoine de Pluvinel qui reconnut la récompense comme un outil de dressage bien plus productif que la punition.

François Robichon de la Guérinière, au XVIIIe siècle, inventa l'assiette de dressage (la position classique) et réalisa l'efficacité des aides extérieures, entre autres théories équestres encore en usage à ce jour. Alexis-François L'Hotte (1825-1904), grand cavalier de Saumur, a mis en avant l'idée de monter un cheval calme, en avant et droit. L'écuyer allemand Gustav Steinbrecht (1808-1885) prôna lui aussi une équitation en avant et droite (d'aucuns disent même trop en avant, en vérité).

Au fil des ans, de nombreux ouvrages équestres militaires ont été publiés, corrigés, republiés, avec parfois des désaccords entre les Français et les Allemands.

L'échelle de progression moderne

Au XXe siècle, les idées fermement enracinées en Europe occidentale sont devenues la référence internationale, de sorte que la FEI (Fédération équestre internationnale) fonde son règlement mondial pour les instructeurs, les cavaliers et les juges sur l'échelle de progression telle qu'elle fut développée par ces hommes. Elle évolue encore à ce jour, et il y aura probablement toujours des discussions interminables sur les méthodes d'équitation et de dressage. Mais fondamentalement, elle constitue la théorie de dressage universelle.

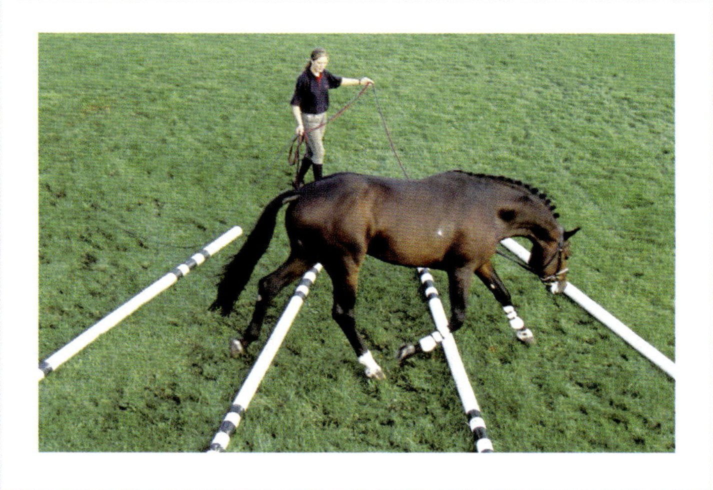

LEÇON N° 19 L'échelle de progression

Toute la beauté de l'échelle de progression vient de ce qu'elle représente une fondation et une structure de développement permettant de faire de n'importe quel cheval un animal heureux et bien entraîné. Même si beaucoup l'estiment réservée au cheval de dressage de concours, elle est utile et efficace pour tous, qu'ils soient destinés à l'obstacle, au complet, aux concours de modèle et allures ou même à l'équitation Western. Et bien qu'elle soit essentiellement considérée comme un outil de travail du jeune cheval, des cavaliers professionnels jusqu'aux plus hauts niveaux s'en servent aussi pour entretenir la bonne santé physique, émotionnelle et mentale de leurs montures.

Même en équitation de simple loisir, tout amoureux du cheval devrait en comprendre les notions de base, y compris les débutants, les petits membres de poney club… Il est étonnant de constater combien les cavaliers qui s'entraînent sont nombreux, sortent en concours ou même enseignent sans jamais accorder la moindre pensée à l'échelle de progression. D'après mon expérience, bon nombre d'instructeurs ne la connaissent pas, au-delà d'en avoir entendu parler, et certains ne vont même pas jusque-là. Ce manque de culture et de vraie compréhension de la théorie équestre est une véritable lacune pour toute personne désireuse de monter correctement. Plus décourageant encore, l'ignorance de l'échelle de progression nuit à chaque cheval victime du manque de connaissance et d'intelligence de l'instructeur ou du cavalier.

Comment utiliser l'échelle de progression ?

Il est essentiel de considérer l'échelle de progression non comme une méthode mais plutôt comme un cadre global d'évolution. Aucun cheval n'est pareil à un autre, et chacun doit être travaillé et monté selon ses besoins

L'ÉCHELLE DE PROGRESSION

Phases / Éléments	*Familiarisation*	*Développement de la poussée des postérieurs*	*Développement de la capacité à porter du poids sur l'arrière-main*
Rythme	•		
Souplesse	•	•	
Contact et mise sur la main	•	•	
Impulsion		•	•
Rectitude		•	•
Rassembler			•

particuliers. Ce qui fonctionne pour l'un peut ne pas marcher avec un autre. Mais l'échelle de progression offre un cadre cohérent pour tous.

Le cavalier et l'instructeur doivent aussi savoir prendre le temps, et laisser le cheval atteindre un palier avant de le pousser au-delà. Le cheval doué ne doit pas être retardé, pas plus que le moins talentueux ne doit être poussé au-delà de ses limites physiques et mentales. Malheureusement, on a trop tendance actuellement à ne pas développer pleinement les fondamentaux avant d'aller plus loin, à plus forte raison quand le cheval est pétri de qualités. Or, rien ne conduit plus sûrement au désastre que de vouloir aller trop loin, trop vite.

Dans les pages suivantes, nous allons décomposer l'échelle de progression en examinant attentivement les buts visés, les erreurs répandues et les possibilités d'amélioration du travail. Toutefois, voici tout d'abord un bref aperçu des éléments de l'échelle et de leur lien les uns avec les autres.

Phase de familiarisation

Sur les six volets de l'échelle de progression, la première section (les trois premiers éléments) est communément dénommée la phase de familiarisation. Un merveilleux entraîneur allemand avec qui j'ai travaillé disait que c'était « le moment où l'on fait ami-ami ». À ce stade, on cherche le rythme et la régularité aux trois allures. En effet, la perte de rythme, quel que soit le niveau d'équitation, est immanquablement considérée comme une faute des plus graves.

Prochain élément : ce que les Allemands appellent *Losgelassenheit*. La meilleure traduction en est « souplesse », mais c'est aussi la décontraction. Cette notion recouvre un élément aussi indispensable que l'air qu'on respire : il doit toujours être là et il est irremplaçable quand il n'y en a plus.

Le troisième élément, c'est le contact, ce par quoi on entend le cheval qui se met sur la main, qu'il soit dans une attitude de dressage, d'obstacle ou de cross-country.

Phase de développement de la force propulsive

Vient ensuite le développement de la force propulsive, c'est-à-dire de la poussée des postérieurs. À ce stade, le cavalier travaille et éduque les allures naturelles. Cette étape s'appuie sur l'idée de la souplesse et du contact, à laquelle elle ajoute impulsion et rectitude.

L'impulsion, c'est la volonté et l'énergie que met le cheval dans le mouvement en avant, qui passe par le dos. Quant à la rectitude, mot faussement simple, elle nécessite en réalité une attention de tous les instants du cavalier, qui doit corriger l'asymétrie du cheval, qui le rend plus raide d'un côté ou de l'autre. Le cheval est par nature droitier ou gaucher et non ambidextre.

Phase de développement de la capacité à porter du poids sur l'arrière-main

La section finale de l'échelle de progression regroupe l'impulsion, la rectitude et finalement le rassembler. Il ne peut y avoir de rassembler si tous les éléments précédents ne sont pas en place. Dans le rassembler, le cheval fléchit de façon plus marquée ses jarrets et ses grassets pour prendre plus de poids sur l'arrière-main. Ainsi, il se déplace dans un meilleur équilibre, en se soutenant.

Perméabilité aux aides

Une fois que tous les éléments de l'échelle de progression sont en place et que le cheval peut être monté aux trois allures sans se départir d'aucune, on le dit « perméable aux aides », ou en allemand, *Durchlässigkeit*. C'est ce que chaque cavalier espère obtenir quand il se met en selle, que ce soit pour travailler en dressage, en saut d'obstacles ou pour une simple équitation de loisir.

ÊTRE CLAIR POUR LE BIEN DE SON CHEVAL

Le cheval est une créature d'une incroyable tolérance. Il tolère des flux de messages contradictoires, des méthodes de travail floues, des informations confuses. Trop de chevaux entrent au manège sans avoir d'idée précise de ce qu'on attend d'eux. Ils sont dans le brouillard parce que le cavalier lui-même est dans le vague en matière d'équitation.

L'échelle de progression offre une structure, des lignes directrices, un guide. Un cheval et un cavalier qui la suivent évoluent au contraire dans un univers en noir et blanc, aux lignes nettes, savent distinguer le bon du mauvais et, au final, effectuent un travail efficace et positif.

LEÇON N° 20 Le rythme

▲ Le rythme est la clé de voûte de toute l'équitation – il s'agit de couvrir une « distance égale sur un laps de temps égal ».

Dans les années 1930, George Gershwin immortalisait ces paroles : *I got rythm, I got music… who could ask for anything more?* À cheval, si on a le rythme, on a la musique, et c'est là que commencent un travail et une équitation corrects. Je sais toujours quand un élève excelle en musique (ou en mathématiques, d'ailleurs), car on puise beaucoup dans ce talent pour se mettre à l'unisson du rythme de l'allure.
Cela explique pourquoi les musiciens et les danseurs ont tendance à se révéler des élèves plus doués dans les premiers temps de l'équitation.
La recherche du rythme du cheval ressemble tellement à trouver celui d'une musique que certains cavaliers travaillent avec un métronome pour mieux repérer le bon rythme pour l'allure. Bien évidemment, je ne dis pas que le cavalier incapable de mémoriser la moindre ritournelle ne trouvera jamais le rythme du cheval, mais il existe cependant un lien très clair entre les deux. La FEI ne définit pas précisément le rythme dans son règlement, mais elle le mentionne à de nombreuses reprises. Bien souvent, il est associé au mot « régularité », et là, la FEI est très claire quant à l'importance fondamentale de celle-ci. Considérez que le rythme correct des battues d'un cheval doit permettre de couvrir une « distance égale sur un laps de temps égal ». J'ai entendu pour la première fois cette phrase il y a des années en Allemagne, et elle ne m'a plus jamais quittée depuis.

POURQUOI LE RYTHME EST-IL IMPORTANT ?

La locomotion est naturellement rythmée chez le cheval. Depuis le jour où le poulain vient au monde et apprend à s'ébattre dans les prés. Les allures du cheval présentent naturellement rythme et régularité, à moins d'une blessure ou d'un défaut.

Au pas, les pieds du cheval frappent le sol chacun à différents moments, ce qui en fait une allure à quatre temps. Dans cette allure à quatre temps, il y a huit phases. Au trot, le cheval se déplace par bipèdes diagonaux en même temps, produisant un trot à deux temps et quatre phases. Au galop, il frappe le sol à trois différents moments, ce qui fait du galop une allure à trois temps avec six phases très clairement définies.

Pour décrire l'importance du rythme, les instructeurs ont souvent recours à l'analogie de la maison, dont le rythme serait les fondations. Si l'on bâtissait une maison sur une plage, on courrait au désastre au premier orage, à moins de fondations mécaniquement et structurellement saines. On ne peut construire en toute sécurité sur du sable sans fondations solides. C'est ainsi pour les allures du cheval, elles sont la fondation essentielle à tout le reste du travail.

▲ Le rythme est inné chez les chevaux, comme le montre cette pouliche d'un an.

Comme pour tout ce qui concerne l'échelle de progression, le rythme n'est pas réservé au seul cavalier de dressage. Le cheval de hunter qui fait cinq foulées entre deux obstacles galope en rythme, et il est jugé sur la régularité de ce dernier. Un cheval qui sort en cross-country ne peut manœuvrer efficacement et en toute sécurité sur son parcours sans un rythme régulier. Imaginez un cheval longé pour une équipe de voltige affichant un galop irrégulier. Comment un voltigeur pourrait-il exécuter ses acrobaties avec un cheval s'il ne peut se fier au rythme et à la régularité de l'allure ?
La règle d'or dans le travail, c'est que le cavalier ne doit pas passer au stade suivant de l'échelle de progression tant qu'il n'a pas obtenu le rythme, quel que soit le temps que cela prend. Parce que la théorie équestre classique a des fondements scientifiques solides, on sait qu'un cheval qui ne se déplace pas en rythme se cause des dommages physiologiques. Un déplacement hors rythme cause une usure inégale sur les articulations, les tendons et les ligaments, par exemple, ce qui provoque des dégâts graves et à long terme.

À DROITE : Un cheval doit aborder l'obstacle dans un bon rythme afin d'être équilibré et coordonné à l'appel et à la réception.

« RYTHME » N'EST PAS SYNONYME DE « TEMPO »

Pour clarifier les choses, il faut noter que beaucoup utilisent rythme et tempo comme s'ils étaient interchangeables, alors qu'en fait ce sont deux choses bien différentes. « Rythme » fait référence à une séquence répétée, tandis que « tempo » désigne le nombre de battues à la minute.

QUELLE PEUT ÊTRE LA CAUSE D'UNE PERTE DE RYTHME ?

Le cavalier aguerri avec un bon équilibre sait laisser le cheval trouver son équilibre naturel. L'interruption du rythme d'une allure vient presque toujours d'un cavalier qui se contente d'être assis. Le poids que nous faisons peser sur le dos du cheval perturbe son équilibre naturel. Or, dès lors qu'il n'a plus d'équilibre, le rythme disparaît inévitablement.

Le cavalier inhibe la locomotion naturelle du cheval d'une foule de manières. Commençons par un cavalier qui a une mauvaise position : imaginez à quel point il doit être difficile pour un cheval de rester en équilibre avec 65 ou 75 kg d'humain posés à la verticale sur son dos quand ils pèsent plus d'un côté ou de l'autre de la selle ?

Par ailleurs, ne sous-estimez pas les désagréments qu'une selle mal ajustée peut apporter à la locomotion naturelle du cheval. Que la selle pince ou bloque les épaules par exemple et le cheval perd automatiquement son rythme faute de pouvoir se mouvoir librement.

▲ Avec une main trop dure, le cheval perd son rythme.

Une main trop dure du cavalier est probablement le plus grand défaut de tous. Le cavalier qui entrave le mouvement en avant du cheval supprime le balancier naturel de l'encolure. Si le cavalier malmène les allures, il corrompt le rythme et la régularité du cheval, parfois irrévocablement.

Problèmes provenant du cheval

Si la position du cavalier était la panacée pour tous les problèmes de rythme, cela se saurait ! Car il existe un cas plus complexe, celui des chevaux d'âge plus lourdement travaillés, qui impose souvent de jouer au détective

Un cheval poussé trop loin ou qui a eu du mal dans un aspect particulier de son travail risque de présenter des défauts de rythme. Chaque fois qu'on lui demande de travailler dans un environnement où il a connu des tensions, il les revivra et les problèmes de rythme resurgiront. Il faut un instructeur patient, expérimenté et intuitif pour disséquer le problème, trouver les solutions et retrouver le bon rythme.

Diagnostic des fautes de rythme

Bien souvent, on repère les fautes de rythme au pas. Rien n'est plus simple pour un cavalier que d'entraver la locomotion d'un bon pas. La tension et une main figée résultent en un cheval qui précipite ou dont les foulées se font irrégulières, une longue, une courte... Autre problème de rythme au pas : l'allure manque d'activité et le cheval traîne les pieds.

Tension au trot

Au trot, on voit les interruptions de rythme quand le cheval est poussé en avant mais retenu. Le cheval se déplace dans un trot caracolant évoquant le passage, air de dressage de haut niveau. Malheureusement, ce trot n'est qu'une allure contrariée par la tension et n'a strictement rien de commun avec un rassembler correct.

Problèmes au galop

Au galop, les principaux problèmes de rythme se résument au galop à quatre temps et au galop désuni. Au galop à quatre temps, les deux membres du bipède diagonal qui devraient quitter le sol sur un même temps frappent le sol l'un après l'autre, induisant une battue supplémentaire. Quant au galop désuni, il s'agit d'une allure où le cheval galope sur un pied des antérieurs et sur l'autre des postérieurs.

Cheval qui boite à la main

C'est le défaut de rythme au trot le plus grave. Un des bipèdes diagonaux avance plus loin que l'autre, ce qui donne l'impression d'une boiterie. Typiquement, les symptômes s'inversent quand le cavalier change de main. Les vétérinaires ont souvent du mal à diagnostiquer la boiterie parce qu'ils ne peuvent en identifier l'origine et que les symptômes en sont intermittents.

Bien qu'un cheval puisse boiter à la main à divers degrés, les symptômes se font souvent plus prononcés quand le cheval est monté. En effet, il y a presque toujours à l'origine de ce problème une main trop dure, sous l'effet de laquelle le cheval contracte et raidit ses muscles dorsaux et de ce fait ne peut plus engager.

Correction du problème

Si le cheval perd son rythme monté, la solution est très probablement à chercher dans les aides du cavalier. Après être revenu sur les chapitres traitant des aides et de leur emploi, le cavalier doit employer son assiette, ses jambes et ses mains pour guider et soutenir le cheval en vue de le ramener à des allures rythmées et régulières. Il doit se servir de ses mains avec tact et sensibilité pour rééquilibrer la locomotion.

Mais les mains ne s'emploient jamais seules. Garder rythme et régularité dans les allures nécessite des aides propulsives en rapport. Le cheval monté en avant sur un contact correct, moelleux (nous reviendrons sur ce sujet dans les chapitres suivants), va gagner en équilibre longitudinal. Si des aides diagonales le soutiennent d'un côté et de l'autre, il est monté dans l'équilibre latéral. Or, un cheval dans l'équilibre est apte à se déplacer avec un rythme et une régularité corrects.

▶ Si votre cheval perd son rythme monté, cherchez la solution dans vos aides.

LEÇON N° 21

La souplesse et la décontraction

Le terme allemand *Losgelassenheit* exprime incontestablement le mieux ce concept : c'est à la fois la souplesse du corps, la décontraction de l'esprit, le relâchement dans la locomotion. Nous opterons donc pour « souplesse et décontraction ».

La souplesse et la décontraction sont plus difficiles à jauger que le rythme parce qu'elles impliquent une évaluation quelque peu subjective de l'impression générale que dégage le cheval en mouvement. Si l'équitation est à la fois un art et une science, la balance, avec la souplesse et la décontraction, penche plutôt du côté artistique.

Pourquoi sont-elles essentielles ?

Elles sont considérées comme le prérequis de tout travail parce qu'une fois acquises, elles permettent tout le reste. Le cheval travaille en s'économisant dans ses muscles, il est mobile dans ses articulations, il n'est pas limité dans ses mouvements et il est mentalement décontracté.

Sans elles, le cheval est contracté, raide ; sa locomotion est imparfaite. Or, partout dans le monde, les vétérinaires sont confrontés aux dommages articulaires, musculaires et tendineux infligés aux chevaux qui ne travaillent pas dans la décontraction.

Certaines descriptions équestres classiques jugent la décontraction au-dessus du rythme, preuve de son importance. Certains arguent qu'il s'agit d'un thème absolument central, celui qui vient avant toute chose. D'autres les placent sur un pied d'égalité. On les place actuellement dans l'échelle de progression un niveau en deçà du rythme, en se fondant sur l'idée logique qu'un cheval peut se déplacer en rythme sans être décontracté et souple, mais qu'il ne peut se déplacer dans une totale décontraction s'il fait des fautes de rythme.

Par souplesse et décontraction, on entend avant tout un cheval qui se déplace librement dans son dos. Anatomiquement, le dos chez le cheval est comme un pont, et la ligne du dessus (de la nuque à la queue) doit se tendre comme un arc pour porter le poids du cavalier.

Le dos du cheval joue son rôle quand il étend son encolure, stabilisant ce faisant la zone entre son garrot et son sacrum. Plus le cheval est capable de s'étirer vers l'avant, plus il engage ses postérieurs, et plus il peut porter de poids.

Le raccourcissement de la chaîne musculaire supérieure entraîne un dos creux, contracté, à éviter à tout prix. Celui de la chaîne musculaire inférieure, en revanche, fait monter le dos et lui permet de jouer pleinement son rôle.

EN HAUT : Le cheval fonctionne dans son dos.
EN BAS : Ce cheval affiche une ligne du dessus raccourcie et figée, du fait d'un manque de souplesse et de décontraction.

LES INDICATEURS DE SOUPLESSE

Quand on travaille un cheval (ou qu'on observe un cheval au travail), il y a de nombreux indices visuels et sonores de la qualité de sa souplesse. En voici la liste, de la tête à la queue :

- **La ligne du dessus.** Commencez par la ligne du dessus dans son ensemble, de la nuque à la queue. La tête est-elle relevée et l'encolure rétractée contre le garrot ? Le dos est-il descendu et creux ? Ces signes indiquent un raccourcissement des muscles de la ligne du dessus. Au contraire, l'encolure devrait s'étirer vers l'avant, avec un dos qui se monte quand les postérieurs s'engagent sous la masse.
- **La tête.** La tête doit se mouvoir en harmonie avec le déplacement, sans saccades. Le regard doit être doux, détendu, il doit sembler d'une certaine façon heureux, sans blanc autour des pupilles. Le regard d'un cheval tendu évoque celui d'un chevreuil pris dans les phares d'une voiture.
- **Les oreilles** doivent être relâchées et non couchées en arrière. Certains chevaux se décontractent à tel point que leurs oreilles pendent littéralement d'un côté et de l'autre.
- **La bouche.** La bouche peut être particulièrement révélatrice. Un cheval qui mâchonne gentiment le mors, avec un peu de bave mousseuse sur les lèvres, est détendu (la salivation n'est pas cependant toujours un bon signe. Un filet de salive est un signe de stress).

Notez toujours la différence entre un mâchonnement tranquille et un grincement de dents. Le cheval qui parcourt le manège en grinçant fortement des dents est tendu et stressé.

- **La queue.** La queue d'un cheval décontracté se balance au rythme de l'allure. S'il fouaille comme si une mouche le rendait fou, quelque chose l'énerve. Un rapide coup de fouet en réponse à une aide, par exemple au moment d'une transition au galop, est une chose, mais une queue qui fait l'hélicoptère en est une autre !

Si la queue est tenue près du corps ou plaquée entre les membres (imaginez un chien quand il a peur), le cheval manifeste un manque de décontraction dans le dos.

- **La respiration.** Le cheval qui se relaxe jette par les naseaux, indiquant ainsi qu'il se détend et se déplace dans la décontraction musculaire. C'est une décontraction qui lui vient de l'intérieur – ses muscles respiratoires se détendent en l'absence de tension dans le corps.

Imaginez-vous quand vous êtes nerveux ou tendu ; vous respirez plus vite, plus haut dans la poitrine. En vous apaisant, vous respirez plus lentement et plus profondément.

- **Bon vent !** Autre signe venant des entrailles, le gaz que dégagent les intestins du cheval. Contracté et tendu, le cheval fige en effet tout son corps. Quand les muscles commencent à se relâcher, le gaz naturel issu de la digestion et de la fonction intestinale s'échappe (il n'en va pas de même pour des crottins fréquents, souvent symptômes de nervosité).

▲ Les différences entre un cheval qui se déplace avec décontraction et un autre qui en est dépourvu sont évidentes. Comparez la bouche, les oreilles, la tête, la ligne du dessus, les membres et la queue de ces deux animaux.

COMMENT ATTEINDRE LA DÉCONTRACTION ?

Les méthodes destinées à encourager le cheval à travailler librement, avec un dos mobile, entrent dans la catégorie « gymnastique du cheval ». Toutes les séances d'équitation doivent commencer par 10 minutes complètes de détente au pas avant de passer au trot enlevé.

Si le cheval sort du paddock, où il a déjà eu l'occasion de se mouvoir librement, le temps au pas peut être raccourci mais s'il sort du box, la détente au pas de 10 minutes est une absolue nécessité et ne doit jamais être négligée pour « se mettre au travail » de but en blanc.

Le cheval a besoin de ce moment pour entrer dans la décontraction concentrée propre au travail et étirer ses muscles, faire jouer ses articulations, ses tendons et ses ligaments. Une bonne détente au trot enlevé comporte des cercles, des lignes courbes et des lignes droites – ces dernières en nombre limité – aux deux mains et dans une attitude légèrement plus longue, plus libre, plus relâchée. Il importe de multiplier plutôt les cercles et les lignes courbes car chaque incurvation est synonyme d'assouplissement.

Après ce travail, on peut faire quelques départs au galop du trot en se mettant pour commencer légèrement en équilibre, afin de laisser au cheval le temps de s'échauffer le dos. Là encore, n'oubliez pas de travailler aux deux mains sur des cercles, des lignes courbes et quelques lignes droites.

Si vous avez l'impression que toute votre séance se résume à une longue détente avant de toucher enfin la décontraction, peut-être est-ce justement ce dont votre monture a besoin (souvenez-vous qu'aucun travail n'a de sens si elle n'est pas souple et décontractée). La décontraction, le relâchement et la souplesse sont tout autant une fin qu'un moyen vers cette fin.

Quelques options de travail

Le cavalier, dans sa quête du *Losgelassenheit*, doit chercher à reconnaître les exercices fructueux, et ceux qui sont vains. Il n'y a pas de recette universelle, chaque cheval selon son âge, son état mental, son mode de stabulation, son niveau de travail, etc. a besoin d'autre chose. Quand vous étudiez l'éventail des options, réfléchissez à l'effet gymnastique de chacune et à son emploi le plus efficace.

Vous pouvez envisager de rétrécir et d'évaser le cercle, en spirale avec des cessions à la jambe, des transitions dans l'allure, des cessions à la jambe sur une ligne droite, des lignes de gymnastique à l'obstacle… Pages 140 et 141, je vous propose des exercices pour la décontraction.

▲ La longe est idéale pour permettre au cheval de travailler dans la décontraction avant de lui ajouter le poids du cavalier.

Le travail en longe

Le travail en longe est une méthode hautement recommandée pour décontracter le cheval. Vous serez d'autant plus efficace que vous travaillerez sur de grands cercles – 20 mètres – et pas trop longtemps. Une séance de 20 minutes environ est le maximum.

À la longe, regardez si votre cheval s'étire vers l'avant et s'il fonctionne dans son dos. Demandez des transitions et de l'engagement. Toute la beauté de la longe est qu'elle retire de l'équation tous les facteurs nuisibles que le cavalier en selle apporte.

Sorties en extérieur

Faites une promenade à travers champs avant de travailler en manège. Nombre de cavaliers n'en ont pas la possibilité ; si vous l'avez, profitez-en. L'extérieur apporte

▲ Une promenade à travers champs ou en forêt peut offrir un changement bienvenu et relaxant au cheval comme à son cavalier.

au cheval (et à vous-même) une bouffée d'air frais, au propre comme au figuré.

Imaginez-vous passant votre vie entre les quatre murs de votre bureau. La nature et le plein air détendent le cheval et lui offrent un sentiment de liberté. Le terrain varié a par ailleurs des vertus athlétiques.

Cavaletti

Mettre en place un dispositif de cavaletti exige un peu de planification préalable mais le jeu en vaut la chandelle. Ils peuvent être utilisés en longe mais aussi dans le travail monté au pas, au trot et au galop. On peut varier les distances, les placer sur des lignes droites ou courbes. Le travail sur des cavaletti exige du cheval un mouvement différent et de la concentration, ce qui peut libérer le dos du cheval.

▼ Le travail sur des cavaletti favorise la décontraction et la mobilisation du dos.

TESTER LA SOUPLESSE ET LA DÉCONTRACTION

Une fois tout cela fait, comment juger si vous avez effectivement développé la souplesse et la décontraction ? Le meilleur test consiste à laisser votre cheval s'étirer sur un cercle. C'est le test du « bas et long » (mon appellation préférée) ou d' « extension d'encolure sur le cercle ».

Le concept : laisser le cheval s'étirer progressivement vers l'avant et vers le bas sur un cercle. Vous pouvez faire ce test au pas, au trot ou au galop. Tous les chevaux ne présenteront pas la même attitude, compte tenu des différences de conformation et de travail. Il y a cependant quelques traits qui sont clairement à rechercher, et d'autres qu'il vaut mieux ne pas voir.

Ce test est réussi si le cheval goûte en douceur la liberté que lui confère le cavalier en cédant dans la main. Quand le cheval avance vers le contact, il étire son encolure vers le bas et son chanfrein passe légèrement en avant de la verticale. Il doit aller chercher le plus loin possible sans perdre son équilibre et tomber sur les épaules. Il doit aussi maintenir le contact avec la main dans l'intervalle.

▲ Enfermé.

▲ Le bas et long.

Défauts du bas et long

Le cheval ne doit pas s'enfermer pour passer derrière la main, il ne doit pas non plus arracher les rênes ni prendre appui sur elles dans un mouvement saccadé. Autre grosse erreur : le cheval passe au-dessus de la main et ne présente pas d'extension, ne cherchant pas le contact sur la main du cavalier.

Il est important que son rythme ne change pas dans l'extension d'encolure. Un cheval qui perd le tempo, accélère et précipite quand on lui offre un contact moins exigeant, n'est pas décontracté. La façon dont il revient à son attitude de travail est tout aussi importante : il ne doit pas se défendre quand le cavalier reprend des rênes.

Laissez-le travailler en extension d'encolure plusieurs fois sur une séance de travail, pour des raisons physiques aussi bien que mentales. Donnez-lui brièvement mais fréquemment l'occasion de s'étirer sur un cercle, ce qui muscle la ligne du dessus et lui permet de souffler mentalement. Pensez-y comme au moment où vous vous levez pour vous étirer après avoir travaillé intensivement à votre bureau ou à votre ordinateur pendant un long moment.

LEÇON N° 22 Le contact

La définition de cette partie de l'échelle de progression est facile à réciter, mais les mots ne sauraient suffire à décrire la difficulté d'une réalisation correcte. Un bon contact désigne le moment où une ligne droite relie le mors, la main et le coude du cavalier. Le rapport entre la bouche du cheval et la main du cavalier est stable, moelleux et élastique.

Quand j'introduis pour la première fois le sujet du contact et du rapport main-bouche à un élève, j'utilise souvent une analogie : le bon contact est comme une porte moustiquaire, et le mauvais comme une porte en dur. Quand on ferme une porte en dur, on bloque la circulation de l'air entre l'intérieur et l'extérieur. C'est ce qui se passe quand on verrouille le cheval avec des aides de retenue trop dures et qu'il n'a nulle part où aller.

Perméabilité

À l'inverse, si l'on ouvre grand la porte, on laisse la voie libre aux mouches, aux insectes et à tout ce qui cherche à entrer ou sortir. En équitation, cela signifie que l'on a abandonné les rênes au cheval et qu'il peut aller où bon lui semble.

La vraie solution réside quelque part entre les deux – quelque chose comme notre porte moustiquaire, qui tient les insectes à l'écart mais laisse entrer la brise et l'air frais. Le rapport entre la main du cavalier et la bouche du cheval doit permettre l'échange d'informations et le soutien, mais aussi la liberté du mouvement.

Contact *vs* sur la main

De nombreux cavaliers (et certains instructeurs) assument que le « contact » est synonyme de la « mise sur la main ». Ces deux termes entrent bien dans la même catégorie mais un contact correct n'est pas synonyme d'attitude de dressage et de cheval sur la main (par « attitude », j'entends la vue latérale de la ligne du cheval, du nez à la queue).

Par exemple, un sauteur guidé vers un obstacle a besoin d'être monté avec du contact, mais sans être sur la main ; le chanfrein doit être en avant de la verticale et la tête relevée, en préparation au saut à venir.

Le jeune cheval apprend le contact dans les premiers stades de son travail ; il apprend qu'un léger relâchement des rênes signifie qu'il doit aller en avant, et des rênes plus tendues, qu'il doit ralentir ou s'arrêter. Il apprend aussi à tourner sur l'ordre de la rêne d'ouverture. Dans cette phase du travail, le cavalier enseigne au cheval à se déplacer dans le couloir des deux rênes, tendues de façon égale pour favoriser le bon équilibre.

Un cheval de dressage sous la selle présente l'étape suivante du bon contact, ce que l'on appelle un cheval sur la main. Le cheval est dit « sur la main » quand il engage ses postérieurs sous la masse, envoyant l'énergie propulsive générée par l'arrière-main vers l'encolure et la tête jusqu'à la bouche, *via* le dos. Cela peut sembler compliqué mais au départ, il n'y a qu'un bon contact.

▲ Un cheval et son cavalier galopant sur un parcours de cross-country ont besoin de contact pour garantir l'équilibre et le contrôle.

UN BON CONTACT EST INDISPENSABLE

La qualité du contact et de la connexion est cruciale pour le cheval comme pour son cavalier. Apprendre à monter avec un contact correct et à coordonner ses aides pour le garder, voilà probablement l'étape la plus importante dans l'éducation du cavalier. Et apprendre à accepter ce contact, c'est sans doute l'étape essentielle dans celle du cheval également.

Le contact est critique car sans lui, le cheval ne peut avoir d'équilibre. Et dans ce cas, c'est toute l'échelle de progression qui est compromise. Il ne peut y avoir ni rythme ni décontraction. Le cheval est incapable de développer sa force propulsive sous la forme de l'impulsion. Rectitude et rassembler sont impossibles.

C'est dans le contact que l'on peut voir à quel point les différents éléments de l'échelle de progression sont étroitement imbriqués. Comprendre la locomotion du cheval au sens scientifique (voir encadré page ci-contre) c'est comprendre cette interdépendance : rythme, souplesse, décontraction, contact.

Prendre un bon contact

Une première question se pose : qui génère le contact, le cavalier ou le cheval ? Souvenez-vous de cette phrase, et de sa réponse : le cheval cherche le contact, le cavalier lui donne. Laissez votre cheval venir au contact. Si vous l'obligez à le prendre, vous faites les choses à l'envers. C'est le cheval qui doit aller vers le mors, et non l'inverse.

Employer correctement ses aides, c'est monter d'arrière en avant, par opposition à d'avant en arrière. D'avant en arrière, le cavalier tient sa monture par une main dure, souvent contraignante, et se sert ensuite des autres aides pour pousser le cheval vers cette main qui le bloque, méthode sarcastiquement dite du « tire-pousse » : le cavalier tire sur la bouche du cheval et le pousse sur le mors.

Dans la méthode correcte, classique, le contact résulte de l'emploi correct des aides de propulsion et de retenue. Les défauts de contact sont toujours le symptôme d'un mauvais dosage entre jambe et main.

▲ Le cheval se déplace en mobilisant tout son dos sur le contact moelleux et élastique de la main.

L'importance de la nuque

L'évolution d'un cheval au contact vers un cheval sur la main ne se fait pas sans de nombreux préalables : le bon emploi de l'assiette, des jambes et des mains pour commencer, un bon rythme, souplesse et décontraction. Si vous tendez de façon égale les deux rênes et que le cheval se déplace en permanence en se poussant vers le mors, le contact est correct.

Au fur et à mesure, vous devez pouvoir rallonger les rênes avec un cheval qui reste dans l'équilibre, étendant l'encolure pour se porter vers ce contact plus léger. C'est le signe d'un cheval dont le dos se muscle et devient capable d'alterner l'attitude de travail (trot de travail, galop de travail) et l'extension. Attention : dans l'attitude de travail, la nuque doit rester le point le plus haut.

Au fur et à mesure de l'éducation du cheval (et/ou du cavalier), on affine sa connaissance de ce que la nuque doit et peut faire. Arrivé à ce stade, le cheval est prêt à passer à l'étape où le cavalier ne se contente plus de diriger. Les aides de main, d'aides de direction, deviennent des aides structurantes, demandant au cheval une certaine attitude sans plus simplement lui indiquer où aller. Le cheval est maintenant prêt à passer à l'étape de la mise sur la main.

Pour une explication plus détaillée du contrôle de la nuque, voir page 172.

LE CERCLE DE L'ÉNERGIE

Sur le plan biomécanique, le cheval, pour porter le poids du cavalier, doit monter son dos, qui se tend en prenant la forme d'un arc ou d'un pont, comme expliqué dans la leçon précédente sur la souplesse et la décontraction. Avec un rapport main-bouche correct, les aides propulsives poussent le cheval vers l'avant depuis les hanches, initiant un cercle de l'énergie passant par les aides. De là, le cheval libère une réaction musculaire en chaîne qui va de l'arrière-main à la nuque puis à la bouche, en se propageant d'abord par le dos, avant de finalement revenir vers la main du cavalier, bouclant la boucle et recyclant l'énergie en avant.

CORRECTION DES DÉFAUTS DE CONTACT

Pour jauger si un contact est bon ou non, on ne peut se contenter d'observer l'avant-main. Le contact est généré par la poussée en avant des postérieurs vers le mors, de sorte qu'il faut regarder le cheval dans son ensemble pour se faire une opinion. Techniquement, la nuque doit être le point le plus haut, le chanfrein légèrement en avant de la verticale (dans l'idéal, de cinq degrés environ), et le cheval doit pousser vers l'avant dans tout son dos.

Dans l'apprentissage du contact et de la mise sur la main, il existe plusieurs défauts courants, développés plus loin.

Le bridon

Les défauts de contact peuvent commencer par un mauvais réglage du bridon. Tout d'abord, vérifiez que la muserolle ne pince pas la face comme illustré ici. Rien n'est plus facile que de trop serrer une muserolle combinée. Le cheval ici a besoin de place pour respirer, au sens littéral du terme.

À l'inverse, la muserolle et le nose-band peuvent être trop lâches, lui permettant alors d'ouvrir la bouche pour échapper au contact.

Au-dessus de la main

Le cheval peut se défendre contre la main en passant au-dessus, sans doute le défaut le plus aisément repérable. Il suffit parfois d'un ajustement mineur, mais c'est bien souvent un signe de résistance, le cheval refusant par ailleurs de céder dans la nuque. Dans ce cas, il utilise les muscles du dessous de l'encolure pour lutter contre le contact et fige le dos.

Dans l'idéal, c'est la partie supérieure de l'encolure qui doit se muscler, mais si on laisse le cheval travailler à l'envers sur de longues périodes, c'est la partie inférieure qui se développe, ce qui ne fait qu'empirer les choses. Bien sûr, il n'existe pas de remède miracle à tous les problèmes possibles mais il faut entre autres, dans ce cas, du travail en longe avec des rênes fixes et une bonne dose supplémentaire d'assouplissements.

Derrière la verticale

La seconde catégorie de défaut de contact peut être un peu plus difficile à repérer mais aussi à corriger. Ces quatre problèmes sont symptomatiques d'un cheval monté d'avant en arrière ; chanfrein derrière la verticale à divers degrés (ce qu'on entend par « derrière la verticale »), il ne se pousse pas sur la main.

▲ Problèmes de bridon.

▲ Au-dessus de la main.

Bien que ce ne soit pas considéré comme une violation majeure de la règle du contact, le travail derrière la verticale peut être oiseau de mauvais augure, précurseur du faux placer ou d'un cheval qui passe derrière la main, et c'est souvent le premier signe d'une main trop dure ou d'aides propulsives insuffisantes. Parfois encore, les aides de retenue du cavalier sont trop fortes et, en conséquence, ramènent trop loin en arrière le bout du nez, ce qui peut arriver à toutes les allures et aboutit à la même attitude. La solution consiste à changer de dosage : plus d'aides propulsives, moins d'aides de retenue.

Faux placer

Le problème du faux placer est plus important et plus difficile à corriger. Il y a faux placer quand le point de flexion se trouve en fait en arrière de la nuque. Pour être précis, la nuque est considérée comme la zone de 10 cm qui s'étend depuis le point entre les oreilles. Dans un faux placer, la nuque n'est visiblement pas le point le plus haut, les aides de retenue sont trop contraignantes.

Le faux placer déclenche une réaction en chaîne qui ferme l'accès du cheval à l'énergie générée par ses hanches et crée des problèmes de respiration, d'équilibre et, pour finir, de locomotion. La solution : alléger les aides de retenue et laisser le cheval se porter vers une main plus moelleuse et plus tolérante.

EN HAUT : Derrière la verticale.

EN BAS : Faux placer.

Derrière la main

Parmi les problèmes les plus difficiles à résoudre, celui du cheval qui évite le contact en gardant le bout du nez en arrière, et que l'on dit « derrière la main ». Souvent, il s'encapuchonne à cause de problèmes anciens dans le travail. S'il a connu des expériences difficiles – avec, typiquement, un travail de routine dans le faux placer, il renâcle à prendre le mors. En s'encapuchonnant, il évite la main trop dure qu'il a connue par le passé.

Il s'agit d'un écueil difficile à surmonter car il avance mais refuse de s'étendre et de tendre sa ligne du dessus. Il faut des trésors de patience et de gentillesse pour lui redonner confiance dans la main.

Balancement de la tête d'un côté à l'autre

Il s'agit d'un autre défaut fréquent, qui fait suite à un contact inégal. Parfois, il s'agit juste d'une infime différence de tension des rênes, mais même une inégalité mineure est excessive. La tension doit toujours être égale des deux côtés, le cheval ne pouvant sinon mouvoir tête, encolure et corps que dans le déséquilibre.

Malheureusement, certains cavaliers ont coutume de travailler en faisant délibérément « droite-gauche » sur les rênes. Il s'agit d'une traction alternée et répétée, rêne droite rêne gauche, qui impose un mouvement de balancier latéral au nez et à la tête.

Le résultat du « droite-gauche », c'est un cheval qui certes engage, mais dont le nez se balance d'un côté à l'autre. Tout comme une tension inégale sur les rênes, cette méthode déséquilibre le cheval de la tête à la queue. C'est aussi un signe que le cheval ne se porte pas sur le contact comme il le devrait,

▲ Derrière la main.

▲ Balancement de la tête d'un côté à l'autre.

puisque cette manœuvre revient à forcer le contact. Il n'y a pas de partenariat avec l'animal, il n'y a ici que le cavalier qui travaille.

Appui sur la main

C'est un autre défaut courant : celui du cheval qui se fait lourd à la main et s'appuie sur le mors. Le contact est certes l'objectif, et on pourrait le décrire comme une pression, mais il s'agit plutôt d'un poser léger et moelleux que d'un appui.

On peut y penser aussi comme à une « tension positive des rênes ». Par tension positive, j'entends le bon degré de tension, celui qui permet de sentir un cheval léger à la main.

Je demande souvent à mes élèves combien de kilos ils ont l'impression de tenir ; D'après mon expérience, toute réponse entre 3 et 4,5 kg est déjà trop. Un tel poids m'indique que le cheval s'appuie et que la tension est négative.

Le problème trouve typiquement son origine dans le cheval et non dans le cavalier, mais ce n'en est pas moins à ce dernier qu'il incombe de le régler, grâce à des demi-arrêts pour alléger l'avant-main et améliorer l'équilibre du cheval associés à l'énergie venue des postérieurs. Ainsi, le cheval va reporter plus de poids sur l'arrière-main, et mieux se soutenir devant.

▲ Appui sur la main.

ÜBERSTREICHEN

Voici un excellent test pour tester le contact et vérifier que le cheval se tient tout seul. L'*Überstreichen* (littéralement « abandon total des rênes ») est un exercice où le cavalier avance une ou deux mains sur quelques foulées, au trot ou au galop. C'est ce qu'on appelle en français « mettre le cheval dans le vide », en abandonnant le contact. Si le cheval conserve le même équilibre, le même rythme et la même attitude, c'est le signe qu'il accepte le contact. Un bon *Überstreichen* est considéré comme la preuve qu'il se tient tout seul.

On met le plus souvent les chevaux de petit niveau dans le vide sur un cercle, tandis que ceux de haut niveau peuvent gérer l'*Überstreichen* dans des figures avancées telles que galop rassemblé ou même pirouettes au galop.

LEÇON N° 23 L'impulsion

L'impulsion, la vraie, est parfois trompeuse. Toute la difficulté consiste à savoir distinguer la véritable impulsion d'une bonne locomotion naturelle, avec de longues foulées athlétiques. Le cheval peut bien sûr présenter les deux, mais il est important de faire la différence entre elles.

Le cheval travaillé correctement, dans le rythme, la souplesse, la décontraction et le contact, va se déplacer avec un dos mobile et souple ainsi qu'une très nette poussée des postérieurs. Monter un cheval dans l'impulsion ressemble à attraper une vague en surf : le dos se soulève sous le cavalier et le propulse en avant, avant de le laisser s'enfoncer à nouveau pendant l'instant où le cheval se prépare pour une nouvelle poussée des postérieurs.

▲ L'impulsion ne se développe qu'au trot et au galop, qui comptent un temps de projection à chaque foulée.

QU'EST-CE QUE L'IMPULSION ?

Quand le cheval commence à faire fonctionner tout son corps pour se déplacer et, ce faisant, reporte son centre de gravité plus vers le milieu de son corps au lieu de se mouvoir avec la majorité de son poids sur les épaules (antérieurs), il s'agit d'impulsion. Pour mieux comprendre le sens exact de ce terme, tournons-nous encore une fois vers les Allemands, qui définissent l'impulsion comme le *Schwung*, l'élan.

La sonorité du mot *Schwung* est en elle-même évocatrice, même pour un parfait néophyte en allemand.

La FEI donne comme définition officielle de l'impulsion « la transmission d'une énergie propulsive, ardente et active, mais contrôlée, trouvant son origine dans les hanches, et animant le potentiel athlétique du cheval. Sa bonne expression ne peut être montrée que par le dos souple et élastique du cheval la guidant vers un contact moelleux avec la main du cavalier ».

Pas d'impulsion au pas

L'impulsion ne peut se faire qu'au trot et au galop, jamais au pas. En effet, seuls le trot et le galop comptent un temps de projection (le moment où les quatre membres quittent le sol en même temps). Techniquement, le pas ne comporte pas de temps de projection et donc pas d'impulsion. Il ne doit pas moins en conserver son énergie propulsive propre, mais il vaut mieux penser le pas en termes d'engagement et d'activité que d'impulsion (pour en savoir plus sur l'illusion de l'impulsion au pas, voir page 93). Pour avoir de l'impulsion, le cheval doit utiliser son moteur (arrière-main) et laisser cette énergie imprimer à tout son corps un mouvement en avant marqué par un dos décontracté et libre. Indicateur premier de l'impulsion : le temps que passe le cheval en l'air. On dit qu'on voit l'impulsion quand le cheval paraît passer longtemps en l'air et peu de temps au sol ».

Un autre indicateur de l'impulsion : le cheval doit avoir plus d'amplitude dans les allongements et plus de rebond dans le rassembler.

Un cheval sait se mettre naturellement dans le *Schwung* du trot, c'est-à-dire qu'il sait se porter vers le haut, de lui-même, en montant son garrot et se servant de sa queue qu'il porte vers le haut.

▲ L'impulsion est tout aussi primordiale en saut d'obstacles qu'en dressage : regardez les postérieurs de ce cheval au moment où il se ramasse sur lui-même avant de libérer cette énergie en avant dans la propulsion du saut.

COMMENT FAIRE POUR GÉNÉRER L'IMPULSION ?

L'impulsion est avant tout un développement des capacités athlétiques ; on ne l'obtient pas en claquant des doigts à l'entrée dans le manège... Comme le demande l'échelle de progression, il faut établir rythme, souplesse, décontraction et contact avant de pouvoir développer l'impulsion. Le cheval doit se porter de bon gré sur la main et se montrer réactif aux aides. En bref, il faut un cheval soumis à la main et aux aides propulsives.

Pour débuter le travail sur l'impulsion, il est préférable de commencer au trot. Des demi-arrêts (voir page 178) sont impératifs à ce stade. En effet, l'arrière-main est la clé de l'impulsion et le demi-arrêt incite le cheval à engager les postérieurs plus loin sous la masse : pas de demi-arrêt, pas d'impulsion. La qualité du premier affecte directement la capacité du cheval à générer la seconde.

Transitions

On commence à développer l'impulsion en travaillant tout d'abord les allongements au trot puis en exécutant de fréquents demi-arrêts, avec à-propos, pour revenir au trot de travail. Ces transitions dans l'allure peuvent être alternées avec des transitions entre allures. Un exemple de séquence possible : trot de travail, allongements au trot, puis retour au trot de travail, suivi de quelques transitions trot-pas-trot.

Les transitions trot-galop-trot sont particulièrement bonnes pour développer l'impulsion, car elles font fonctionner les muscles les plus fondamentaux du cheval. Toutes les articulations de l'arrière-main jouent leur rôle dans l'impulsion, et l'exécution de telles séquences de transitions développe la capacité d'allongement et de rebond du cheval.

Un avertissement à propos de ces transitions : si elles sont brutales et sur les épaules, elles n'ont aucun effet bénéfique. Dans les transitions descendantes, dites-vous que vous devez monter un trot en avant, et non arrêter le galop. En d'autres termes, pensez « lancer le trot » et non « stopper le galop ».

Travail sur cavaletti et saut d'obstacles

Vous pouvez aussi travailler l'impulsion grâce à des cavaletti et par le saut. Une ligne de petits cavaletti favorise la variation d'amplitude. Une ligne d'obstacles est elle

▲ On construit l'impulsion par des transitions dans l'allure au trot ou au galop, en alternant entre allure de travail plus raccourcie (à gauche) et allongement (à droite), avant de revenir à l'allure de travail.

aussi tout à fait indiquée. Une ligne de cinq obstacles comprenant un saut de puce suivi d'un double à une foulée est un exercice ludique et efficace.

Travail en côte

Un autre exercice amusant et très bénéfique est le travail en côte. Grimper une colline au trot et au galop muscle les postérieurs et accentue la flexion des articulations des postérieurs. Les temps d'appui sont plus longs car les membres s'engagent plus loin sous la masse ; en conséquence, l'encolure et la tête du cheval doivent faire contrepoids en s'étirant et en s'abaissant plus, entraînement très favorable à l'impulsion.

Défauts d'impulsion

L'erreur la plus courante de toutes, c'est probablement de confondre impulsion et vitesse. L'idée de l'impulsion, c'est de tirer de l'énergie des articulations des postérieurs. L'idée maîtresse est de tirer l'énergie des articulations des postérieurs et non de la vitesse proprement dite du mouvement en avant. Faire courir le cheval plus vite dans le manège, ce n'est pas l'impulsion.

Des foulées contractées, hésitantes, constituent une autre erreur grave. Ce genre de trot donne l'impression d'un léger retard avant le poser, mais coordination et souplesse sont absentes. Même s'il peut être spectaculaire, il cause une énorme usure aux membres et au dos à cause de la tension globale du système musculaire.

UNE EXPLOSION D'ÉNERGIE

J'aime à utiliser l'image d'une bouteille de soda pour évoquer l'impulsion. Rappelez-vous lorsque, enfant, vous mettiez le pouce sur le goulot avant de secouer… C'est la phase de rassembler du cheval : beaucoup d'énergie mise en bouteille et prête à exploser ! Quand vous retirez le pouce, le soda jaillit, comme l'énergie du cheval explose dans un trot moyen ou allongé.

Travail en côte.

L'IMPULSION : LE DÉBAT EN DRESSAGE

L'impulsion est le thème central du débat qui fait actuellement rage entre les tenants des méthodes classique et moderne de travail. Les premiers disent que leurs méthodes de travail immémoriales ont été pensées d'après la nature du cheval et du travail pour favoriser la santé physique et mentale du cheval. Les partisans des méthodes plus contemporaines disent que les leurs ont des avantages considérables et que les résultats en concours parlent d'eux-mêmes.

On parle de « marcheur de dos » pour désigner le cheval doté d'une énergie positive, de postérieurs actifs, d'un dos souple et mobile, à la foulée ample et aux membres bien coordonnés, qu'on oppose à « marcheur aux jambes », le cheval à l'énergie incorrecte, manquant de souplesse et de coordination.

Regardez le dos

Dans l'univers des concours de dressage aujourd'hui, certains croient à tort que le cheval, avec un geste spectaculaire des antérieurs, témoigne d'une fantastique énergie positive, au point que certains acheteurs sont prêts à payer des sommes faramineuses. Les cavaliers avec plus de discernement appellent en riant ces achats des « chevaux avec un trot qui coûte cher ». On se laisse facilement impressionner par le clinquant exagéré d'un marcheur aux jambes. Leur trot extravagant, les antérieurs s'étendant presque jusqu'à l'horizontale, peut effectivement être spectaculaire.

Malheureusement, les juges gratifient le « trot qui coûte cher » d'excellentes notes. Mais même si ces chevaux portent le titre de champions, les défenseurs de l'approche classique font remarquer que les chevaux au geste exceptionnel des antérieurs font de l'ombre aux chevaux dressés suivant les méthodes classiques. Fort logiquement, les premiers remportant les premières places sous les vivats des spectateurs, ils déclassent d'autant les seconds.

On n'en a pas toujours pour son argent

De surcroît, les fans énamourés veulent maintenant des marcheurs aux jambes, oublieux de l'activité des postérieurs. Les dresseurs et les cavaliers du monde entier axent leur recherche sur eux, et travaillent leur monture dans cette optique, et les cavaliers qui font leur entrée dans le monde du dressage considèrent malheureusement ce geste certes spectaculaire comme le trot ultime. Mais est-il bon pour le cheval ?

Pour ce qui nous préoccupe ici, comprendre et développer l'impulsion, rappelez-vous simplement que l'impulsion, c'est le corps tout entier du cheval au travail et plus particulièrement l'arrière-main, pas simplement les membres.

▲ Marcheur aux jambes.

▲ Marcheur de dos.

LEÇON N° 24 La rectitude

On pourrait croire *a priori* que la rectitude serait la caractéristique la plus facile à trouver chez un cheval. Un pied devant l'autre, et voilà la rectitude, n'est-ce pas ? Même la définition de base semble simple : la rectitude est la caractéristique d'un cheval dont les antérieurs sont alignés sur les postérieurs dans les lignes droites et les courbes, aux trois allures.

Ainsi, vous devez viser un cheval droit sur le cercle. Ce qui peut sembler contradictoire, mais cela signifie en fait que les pieds du cheval – antérieurs comme postérieurs – suivent tous une même ligne, en l'occurrence celle du cercle. Dans le jargon équestre, c'est ça, « être droit ».

La définition sonne comme une évidence, et on me demande souvent pourquoi la rectitude vient si tard dans l'échelle de progression, les cavaliers novices supposant la tâche facile. On peut penser que, comme le rythme, le cheval naît naturellement avec, mais rien n'est moins vrai. Le cheval, à l'instar des humains, n'est naturellement pas droit.

Le manque de rectitude

Pour comprendre ce manque naturel de rectitude, examinons d'abord la structure du cheval. On le pense couramment semblable à un véhicule à quatre roues : symétrique de part et d'autre d'un axe longitudinal, avec des pneus avant dans le prolongement direct des pneus arrière. Mais en réalité, le cheval est plutôt triangulaire, avec une extrémité antérieure plus étroite et une extrémité postérieure plus large. Avez-vous déjà essayé de sortir un cheval du box sans ouvrir en grand la porte ? Ses épaules sont passées mais il s'est plus que probablement cogné les hanches dans l'encadrement de la porte.

Ajoutez à cette construction triangulaire une prédominance de l'hémisphère gauche ou droit. Tout comme les humains sont naturellement droitiers ou gauchers, les chevaux sont naturellement latéralisés. Le côté dominant est plus musclé, l'autre côté plus court, ce qui génère un déséquilibre naturel. De même, une personne droitière a tendance à avoir le bras droit plus fort.

Ce manque de rectitude, c'est ce qu'on appelle l'inflexion naturelle. Tout comme la majorité des gens sont droitiers, la vaste majorité (entre 80 et 90 %) des chevaux sont naturellement infléchis à droite, ce qui signifie qu'à main droite, ils se déplacent dans l'inflexion à droite, et sont en général raides à gauche.

Plusieurs sortes d'équilibre

Il y a un lien indéfectible entre rectitude et équilibre. Mais l'équilibre est un mot et un concept piège parce qu'il a quantité de déclinaisons, comme expliqué plus loin.

- **Le cheval naît avec un équilibre naturel**, qui marque son déplacement en liberté. Comme les gens, certains chevaux ont un meilleur équilibre naturel que d'autres.
- **L'équilibre modifié,** c'est la façon dont le cheval gère le poids et le mouvement de la selle et du cavalier.
- **L'équilibre latéral,** c'est la façon dont le cheval gère son poids ainsi que celui du cavalier d'un côté à l'autre. Pour la rectitude, tel est le principal.
- **L'équilibre longitudinal,** c'est l'équilibre d'avant en arrière et d'arrière en avant, lui aussi modifié par le poids du cavalier. C'est un élément essentiel du rassembler, que nous aborderons au chapitre suivant.

◀ Les chevaux ne sont pas symétriques.

POURQUOI LA RECTITUDE EST-ELLE IMPORTANTE ?

Redresser le cheval, c'est le noyau même de la transformation des allures naturelles en allures éduquées. Globalement, le cheval ne pourra jamais atteindre le summum de sa force propulsive et de sa capacité à porter du poids sur l'arrière-main s'il n'est pas droit. Un cheval qui se déplace en permanence dans son inflexion naturelle finira par subir une usure significative d'un seul côté, parce qu'il ne l'utilise pas de façon égale.

Dans les cas les plus sérieux, il finira par souffrir de blessures. Imaginez une gymnaste qui ne s'entraînerait que du côté gauche. Elle n'exploiterait jamais tout son potentiel, et la faiblesse de son côté droit la rendrait encline aux blessures. Pensez l'athlète équin dans les mêmes termes.

La rectitude est un concept relatif. Plus votre équitation est bonne et avance dans l'échelle de progression, meilleure elle est, et la rectitude, à son tour, améliore le rythme, la souplesse et la décontraction, rend le contact plus égal et génère une meilleure impulsion.

Comment améliorer la rectitude

Avant de se concentrer sur la rectitude, il faut savoir qu'en l'absence des autres éléments de l'échelle de progression, (le rythme, la souplesse et la décontraction, le contact et l'impulsion), la rectitude est pour le cheval une mission quasi impossible. Il doit tout d'abord être soumis aux aides d'assiette, de jambe et de main. Mais même à un niveau élémentaire, vous pouvez toujours intégrer à vos séquences quotidiennes des éléments qui favorisent la rectitude de votre monture.

Lignes courbes

L'objectif premier du travail sur la rectitude étant d'équilibrer les muscles du côté gauche et du côté droit, un bon travail doit intégrer des lignes courbes et d'autres exercices obligeant le cheval à s'incurver.

Dans les lignes courbes, ne laissez pas l'épaule extérieure s'échapper vers le mur, ou l'épaule intérieure s'échapper vers l'intérieur quand vous quittez la piste. Faites aussi attention à l'alignement des postérieurs sur les antérieurs. Les premiers doivent suivre la même piste que les seconds, et non en tracer une autre. Imaginez que vous montez sur une voie de chemin de fer. Même dans le tournant, les épaules et les quatre membres du cheval doivent rester sur la voie, sinon il va dérailler.

LES FONDEMENTS SCIENTIFIQUES DE LA RECTITUDE

Imaginez un cheval qui marche à main droite et se déplace avec le postérieur à l'intérieur de la piste dessinée par l'antérieur droit. Biomécaniquement, il n'utilise pas beaucoup son postérieur droit. Il utilise trop son postérieur gauche et travaille plus dur aussi avec son antérieur gauche. À main gauche, la dynamique bascule et il est raide à cette main parce qu'il manque de flexion et d'incurvation de ce côté.

Le cavalier ressent le problème comme un déséquilibre dans son assiette et une tension inégale dans les mains. À main droite, au lieu d'un contact égal, le cheval est plus lourd sur la main gauche et le contact, moins franc sur la rêne droite. Se porter sur un contact égal exige du cheval un équilibre correct, ce pour quoi il lui faut des muscles au développement symétrique, ce qui, à son tour, exige de la rectitude.

▲ Les chevaux sont naturellement infléchis, comme on le voit à gauche et doivent apprendre la rectitude, comme on le voit à droite.

Travaillez en piste intérieure

Dans vos séances quotidiennes, prenez l'habitude simple de travailler en piste intérieure plutôt que sur la piste. Cela vous impose d'utiliser vos aides extérieures à bon escient, la plupart des chevaux semblant attirés par le mur comme par un aimant. Les cessions à la jambe peuvent être très bénéfiques pour la rectitude, particulièrement si vous demandez au cheval de quitter la piste en direction de la ligne du quart. Le contre-galop, exercice plus avancé, est très utile pour redresser un cheval.

Toutes ces suggestions à l'esprit, essayez toujours de penser à redresser le cheval entre vos jambes et non pas simplement entre vos mains. Les rênes ne sont pas là pour ployer l'encolure ; le véritable objectif doit être de mieux guider le cheval dans le couloir des deux rênes et d'ainsi redresser le corps.

TERMINOLOGIE DU TRAVAIL LATÉRAL

Pour les besoins de ce chapitre, nous allons approfondir un peu la théorie du dressage avec un premier aperçu du travail latéral. L'épaule en dedans est considérée comme un exercice favorisant la rectitude. Il s'agit de mettre les épaules du cheval vers l'intérieur, formant un angle de 30° avec la piste tandis que les postérieurs restent sur cette dernière.

Dans l'épaule en avant, à laquelle on pense souvent comme à une « mini-épaule en dedans », les épaules du cheval sont poussées vers l'intérieur à un angle de 15°. C'est aussi un exercice favorisant la rectitude.

La rectitude avancée

À un niveau plus avancé, obtenir la rectitude souhaitée implique de monter avec l'épaule intérieure devant la hanche intérieure. Dans cette optique plus complexe, il faut monter l'avant-main dans le prolongement de l'arrière-main, et non l'inverse. Souvenez-vous que l'impulsion vient du moteur arrière ; il en va de même pour la rectitude.

Ce concept peut prêter à confusion car différents instructeurs lui donnent différents noms, mais ils reviennent tous au même. Cette position (épaule intérieure devant la hanche intérieure) équivaut fondamentalement à demander juste une ombre d'épaule en dedans (voir encadré ci-dessous pour plus de détails).

Avec cette très légère épaule en dedans, on demande au cheval un brin plus d'engagement du postérieur interne. Mieux vaut débuter ce travail au pas et au trot, le galop étant plus difficile parce que le cheval se traverse toujours légèrement à cette allure.

▲ Le cheval n'est pas droit, les hanches dérapent à l'intérieur.

▲ L'épaule intérieure est alignée sur la hanche intérieure.

LEÇON N° 25 Le rassembler

On peut penser au rassembler comme à la transformation du mouvement en avant en mouvement vers le haut, un peu comme un cabrer en moto. Selon la définition de la FEI, « Le but du rassembler du cheval est [...] de développer davantage et d'améliorer la régularité et l'équilibre du cheval, équilibre plus ou moins modifié par le poids du cavalier ; [...] de développer et d'augmenter la capacité du cheval à abaisser sa croupe et à engager ses postérieurs au profit de la légèreté et de la mobilité de l'avant-main ; [...] d'améliorer "l'aisance et la prestance" du cheval et de le rendre plus agréable à monter. »

La phrase suivante est encore une citation d'un de mes instructeurs : « Le but de l'équitation, c'est la soumission, et le but du dressage le rassembler. » On pourrait dire que toutes les voies du dressage et de l'échelle de progression mènent (ou devraient mener) au rassembler.

Plus un cheval développe sa capacité à porter du poids et à s'équilibrer, mieux il est apte à se porter lui-même, ainsi que son cavalier.

▲ Le saut d'obstacles offre le rassembler ultime, à l'instant où les postérieurs se fléchissent et s'engagent, témoignant du mouvement élastique de la hanche, du grasset et du jarret.

L'aspect visuel du rassembler

▲ Le rassembler est la preuve ultime que le cheval se déplace correctement et avec énergie d'arrière en avant.

Dans le rassembler, le cheval reporte plus de poids sur les postérieurs, avec une plus grande flexion des grandes articulations, la hanche, le grasset et le jarret. Quand il transfère son poids et son équilibre, son centre de gravité recule, ses postérieurs s'engageant plus loin sous la masse.

L'étape précédente sur l'échelle de progression, la rectitude, met principalement l'accent sur l'équilibre latéral (d'un côté à l'autre) ; le rassembler le met sur l'équilibre longitudinal (d'arrière en avant). Si l'impulsion est la détente d'un ressort, le rassembler en est la compression.

Les jeunes chevaux, les chevaux mal travaillés ou mal montés sont souvent montés sur les épaules, c'est-à-dire la majeure partie de leur poids reposant sur ces dernières, au détriment de l'équilibre longitudinal du cheval. Vous devez absolument viser une répartition égale du poids entre l'avant et l'arrière.

L'idéal est par définition inaccessible, mais quand un cheval est équilibré longitudinalement, il est capable de déplacer son centre de gravité vers le centre du corps, utilisant ainsi beaucoup mieux son dos et ses hanches.

Un cheval rassemblé est décrit comme se soutenant, ce qui signifie qu'il se porte la tête et l'encolure relevées, de façon directement proportionnelle au degré de rassembler. Plus le cheval est correctement travaillé, plus il peut reporter de poids sur les hanches et les abaisser et plus il peut porter haut l'encolure et la tête (sans que le cavalier n'ait besoin de les soutenir) tout en restant sur la main.

DÉFINIR LA CADENCE

On ne saurait passer un peu de temps dans une écurie de dressage sans y entendre à un moment ou à un autre le mot « cadence ». Le dictionnaire parle de « rythme d'accentuation, en musique, en poésie, dans la danse » et de « mesure qui règle le mouvement de celui qui danse ». Ces deux définitions s'appliquent au mot « cadence » tel qu'il s'utilise en équitation.

Dans le monde équestre, la cadence signifie que le temps de projection du cheval rassemblé est bien visible. Selon le règlement de la FEI, elle est « l'expression de l'harmonie générale que montre chaque cheval quand il se déplace avec régularité, impulsion et équilibre. »

La cadence entre en jeu dans la partie « Impulsion » de l'échelle de progression. Elle fait le lien entre l'impulsion et le rassembler. En effet, le cheval avec de la cadence est en passe de transformer sa force propulsive en capacité à porter du poids sur l'arrière-main. Chez un cheval qui a de la cadence dans une allure (obligatoirement le trot ou le galop), on voit les foulées gagner en rebond.

COMMENT OBTENIR UN BON RASSEMBLER ?

On développe ou on améliore le rassembler en faisant des exercices qui demandent le report du poids sur l'arrière-main. Quand vous considérez la palette d'exercices à votre disposition, soyez conscient de la différence entre un exercice *pour* le rassembler et un exercice *dans* le rassembler. Exemple d'exercice pour le rassembler : un demi-arrêt, exemple d'exercice dans le rassembler : une pirouette au galop.

Mais pour donner de la force, rien ne vaut le travail en descente. S'il gagne en force propulsive en grimpant des côtes, le cheval gagne en puissance pour le rassembler en les descendant. Les cavaletti et les exercices à l'obstacle sont également très recommandés.

Dans le travail quotidien en manège, la liste des exercices à réaliser inclut les demi-arrêts, les arrêts, les transitions entre allures, les cercles, les voltes et le reculer. Dans les transitions, efforcez-vous d'obtenir un cheval réellement à l'écoute de vos aides d'assiette ; les mains ne doivent pas prendre le dessus dans la communication.

EN HAUT : Le travail en descente renforce les articulations des postérieurs.

AU MILIEU : Le reculer favorise la mobilisation des hanches, du grasset et du jarret.

EN BAS : Plus le cheval doit engager loin sous la masse pour dessiner de petits cercles, plus les postérieurs doivent avoir de l'activité.

Défauts du rassembler

Les difficultés du rassembler portent habituellement sur les premières étapes de l'échelle de progression. Le rythme, la souplesse, la décontraction, le contact, l'impulsion et la rectitude doivent être solidement établis, et chacun d'eux doit être profondément ancré dans le travail quotidien avant de pouvoir espérer le rassembler. Ce dernier nécessitant aussi de la force purement musculaire du cheval, il faut du temps pour l'acquérir. Un cheval de quatre ans est physiquement incapable de reporter son équilibre d'avant en arrière.

Le rassembler nécessite de connaître les autres étapes de l'échelle de progression et d'avoir de la force musculaire. Il faut du temps pour l'acquérir.

▲ Un cheval qui a du mal à se rassembler a tendance à creuser son dos et à porter au vent. Les postérieurs traînent souvent derrière, même quand les antérieurs présentent du geste et de l'activité.

DÉFINITION DE L'ENGAGEMENT

Au sens équestre, le terme « engagement » fait référence à la mécanique de l'arrière-main. En reprenant l'analogie du ressort, l'engagement est le moment où vous demandez au cheval de se comprimer comme un ressort, comme pour mieux se porter. Les allures moyennes et allongées sont des exemples de la force propulsive, de libération du ressort. L'un des buts équestres que prône le règlement de dressage de la FEI est « la légèreté de l'avant-main et l'engagement des postérieurs, dont l'origine est due à une impulsion toujours en éveil ».

En termes biomécaniques, quand on cherche l'engagement, on cherche un cheval montrant plus de flexion dans l'articulation lombo-sacrée ainsi que dans les articulations des postérieurs. Au plus haut niveau de dressage, on le voit dans la phase d'appui de la foulée : la croupe s'abaisse par rapport à l'avant-main.

L'allégement de l'avant-main donne plus de liberté à l'épaule du cheval, ce qui induit des allures plus expressives, telles qu'on peut les admirer dans un travail de qualité au trot et au galop moyens et allongés.

▲ Chez un cheval de petit niveau, les demi-arrêts favorisent l'engagement et développent un trot plus expressif.

▲ Dans l'engagement, la croupe s'abaisse, laissant les épaules libres de monter et d'avancer.

Le terme d' « expressivité » fait référence à la qualité artistique d'une allure. C'est une sensation ou une image mêlant impulsion, harmonie et cadence. Pour obtenir de belles allures moyennes et des allongements réussis, il faut préparer le cheval en le montant plus d'arrière en avant grâce à des demi-arrêts.

Dans le saut d'obstacles, l'engagement est un impératif. Quand le cheval prend son appel, il abaisse la croupe, libérant ainsi ses antérieurs et ses épaules qui peuvent se soulever en vue du saut. Un sauteur qui engage fait des tours plus propres.

On confond souvent deux sortes d'activité avec de l'engagement. Quand on regarde les postérieurs, l'activité ou la flexion du jarret n'est pas le seul facteur qui compte – certains chevaux d'allure, par exemple, se déplacent avec une extrême activité du jarret, ou pensez par exemple à un poney Hackney attelé. L'engagement n'est pas non plus la portée des postérieurs sous la masse. Bien sûr, on aimerait que le cheval se déplace en étendant plus loin les postérieurs, mais ce n'est pas l'engagement. Le véritable engagement, c'est l'*abaissement* de la croupe et le *relèvement* de l'avant-main.

LEÇON N° 26 La perméabilité aux aides

L'échelle de progression culmine sur l'idée qu'un cheval dressé avec patience et dans le respect raisonné des principes classiques deviendra un partenaire calme, obéissant et de bonne volonté. Ce concept porte plusieurs noms, comme cela semble être la sempiternelle tradition en équitation : « perméabilité aux aides », « acceptation des aides », « soumission aux aides » ou, en allemand, la qualité de *Durchlässigkeit*.

« Perméabilité » et « soumission » sont souvent utilisées comme des termes interchangeables, mais « soumission » n'est pas parfaitement juste, l'idée étant plutôt celle d'un partenariat. Il s'agit plutôt de la volonté immédiate du cheval d'obéir aux aides les plus discrètes du cavalier sans leur opposer la moindre résistance.

Le cheval laisse les aides propulsives se propager jusqu'à l'arrière-main, cette énergie finissant par se recycler entre les mains du cavalier, le tout dans la souplesse et la décontraction. Car toute tension mentale ou physique détruit l'ensemble et le sentiment de *Durchlässigkeit*.

Améliorer la perméabilité aux aides

C'est possible, en restant concentré sur la qualité du travail de gymnastique. Chaque jour, intégrez des lignes variées (droites, courbes, cercles) et des changements de directions dans votre équitation, en les assaisonnant de nombreuses transitions.

Bien trop souvent, les cavaliers sont coincés dans la séquence pas-trot-galop. Variez les plaisirs. Détendez votre monture aux trois allures, puis travaillez sur des transitions bien pensées. Dans chaque allure, demandez des variations de tempo. Le rythme et la pureté de l'allure doivent rester constants, mais le tempo peut et doit changer fréquemment.

Variez vos demandes en termes d'équilibre, latéral et longitudinal, pour renforcer physiquement et mentalement le cheval. Prenez le temps de considérer les points forts de votre monture et tirez-en parti pour combler ses lacunes. Par exemple, s'il est exceptionnellement doué pour le rassembler, vous pouvez profiter de cette aptitude pour améliorer son extension en alternant entre les deux attitudes.

Pour tout cheval

Un cheval n'a pas besoin de faire des épreuves de Grand Prix pour prouver qu'il est perméable aux aides. Au fur et à mesure de ses progrès dans son travail, la perméabilité, c'est par exemple ce qui va permettre le développement de l'impulsion. Fondamentalement, le *Durchlässigkeit* prouve que le travail du cheval jusque-là était correct, c'est-à-dire qu'il remplit tous les critères de l'échelle de progression à son niveau de compétence.

Je dirais donc que même un cheval de niveau élémentaire, qui n'a pas encore développé l'impulsion, peut néanmoins posséder le *Durchlässigkeit*, au moins au niveau le plus basique.

▲ La perméabilité aux aides atteste de la progression dans le travail.

LES PRINCIPALES TECHNIQUES ÉQUESTRES

587

E
H

LES PRINCIPALES TECHNIQUES ÉQUESTRES

« Technique » : un mot intéressant, qui se définit comme une manière habile ou efficace de réaliser ou d'obtenir quelque chose, tout particulièrement dans l'exécution d'une œuvre artistique ou d'une procédure scientifique. Considérant que l'équitation est pour moitié science, pour moitié art, le terme est on ne peut plus approprié.

Certaines choses que l'on fait à cheval tombent clairement dans la catégorie de la technique, en ce que ce sont avant tout des méthodes de travail du cheval, qui visent un réel effet artistique. Les trois techniques discutées dans ce chapitre sont le pli, l'incurvation et le demi-arrêt. Pour faire court, nous dirons que ces techniques sont toutes des méthodes équestres et des composants de figures de dressage.

Entre art et science

L'équitation est un sport intégrant l'art et la science ; c'est pourquoi il faut à la fois, pour comprendre ces techniques, savoir les mettre en pratique – connaître le mécanisme – et savoir où elles vous conduiront – le but qu'elles visent. La position, les aides, les allures et l'échelle de progression sont les fondamentaux de l'équitation, et les techniques sont à la fois les moyens vers ces fins, et des composants des fins elles-mêmes.

Pour illustrer cette thèse, rappelons que le pli est une légère flexion latérale au niveau de la nuque, qui favorise le maintien de l'équilibre, de sorte que c'est un outil permettant une meilleure équitation. Mais, comme l'incurvation, c'est aussi un composant de nombreux exercices d'équitation, et à ce titre c'est donc aussi un objectif. Il en va de même pour les demi-arrêts. En tant que méthode pour obtenir l'attention du cheval et l'amélioration de son équilibre, le demi-arrêt est un outil dans votre trousse. Mais c'est aussi un élément du maintien du bon rythme à l'approche d'un obstacle ; en ce sens, c'est également un objectif.

Les techniques, un échafaudage à monter de A à Z

Imaginez les techniques comme des clous que l'on plante pour construire une maison. Vraisemblablement, vous ne pensez pas aux clous comme à une partie proprement dite de la maison, comme vous penseriez au plancher, aux murs ou au toit, mais ils sont pourtant absolument indispensables. Il en va de même pour les techniques équestres. À l'instar des clous, on ne pense habituellement pas à elles en tant qu'éléments indépendants, mais elles sont pourtant tout aussi essentielles.

Développons encore un peu la métaphore… On peut difficilement construire une maison solide sans connaître toute la variété des clous. Je ne connais pas personnellement la différence entre un clou de charpente et un clou de plancher, mais aucun charpentier n'utiliserait l'un quand c'est l'autre qui est nécessaire.

Une fois encore, c'est pareil pour les techniques équestres. Il faut très longtemps pour obtenir un cheval juste et équilibré dans une serpentine si l'on ne comprend pas et si l'on n'emploie pas correctement le pli et l'incurvation (et surtout si vous ignorez la différence entre les deux) et sans des demi-arrêts corrects.

Là encore, il s'agit d'appréhender le dialogue cavalier/cheval dans une technique équestre respectueuse des chevaux. Le cavalier doit prévenir sa monture de ce qu'il a l'intention de faire et laisser son cheval prendre ses décisions en conséquence sans y être contraint mais tout simplement parce qu'il a compris ce qu'on attendait de lui.

LEÇON N° 27 Le pli

Ne confondez surtout pas le « pli » et l' « incurvation ». Pourquoi pas, me direz-vous, puisque tant d'autres mots du jargon équestre sont interchangeables ? Eh bien, parce que pli et incurvation sont deux choses radicalement différentes. On entend par pli la légère latéro-flexion de l'encolure et de la tête. L'incurvation, pour sa part, est l'infléchissement latéral de tout le corps du cheval, de la nuque à la queue. Comparons avec la conduite automobile : la différence est la même que lorsque vous faites pivoter la tête sur votre cou pour regarder dans votre rétroviseur et lorsque vous tournez tout votre buste pour regarder par le pare-brise arrière.

Certains instructeurs de l'ancienne école parlent de « placé » pour désigner le pli : le cheval est dit « placé à droite » quand il a un léger pli à droite au niveau de la nuque et, évidemment, placé à gauche quand le pli est à gauche.

Le contrôle de la nuque

Le pli est une étude du contrôle de la nuque. Pourtant, soyons clairs, le cheval ne peut réellement se ployer au niveau de la nuque, car elle est en fait le sommet du crâne et non une articulation.

Mais il y a derrière elle deux articulations capables de se ployer. On pourrait dire qu'elles ont pour fonction de dire « oui » – bouger la tête de haut en bas – et de dire « non » – bouger la tête d'un côté à l'autre.

En termes anatomiques, la fonction « oui » est dénommée « flexion longitudinale » (photo A). Elle se produit au niveau de l'articulation atlanto-occipitale, au point d'attache entre la première vertèbre cervicale et le crâne. La fonction « non », ou « flexion latérale », se produit au niveau de l'articulation atlanto-axiale, entre la première et la deuxième vertèbre cervicale.

Pour qu'un cheval présente un pli juste ou soit correctement ployé, le cavalier doit tout d'abord le faire céder dans la première articulation (oui), puis dans la seconde (non), le but recherché étant la décontraction des muscles de l'encolure et le léger basculement de la crête, comme l'illustrent les photos B et C. Le processus étire aussi le ligament nuchal, favorisant l'élasticité de tout le dos.

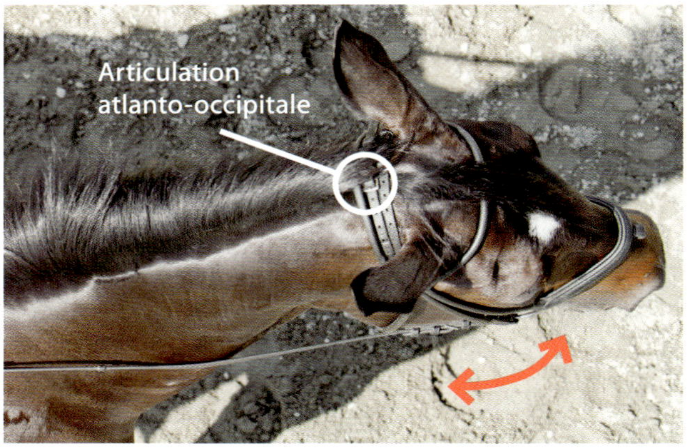

▲ A. Le cheval dit « oui » au niveau de l'articulation atlanto-occipitale.

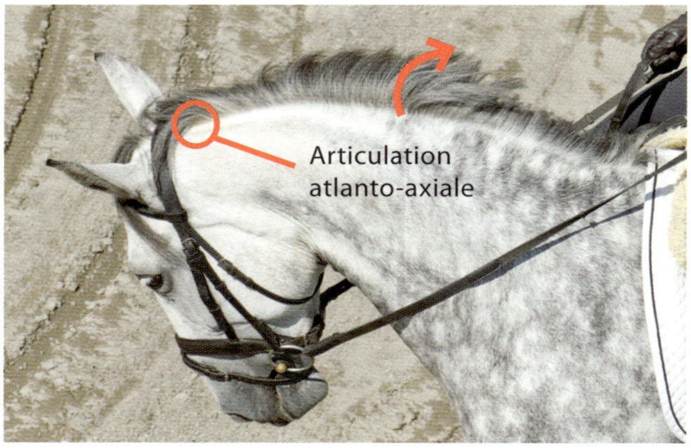

▲ B. Le cheval dit « non » au niveau de l'articulation atlanto-axiale.

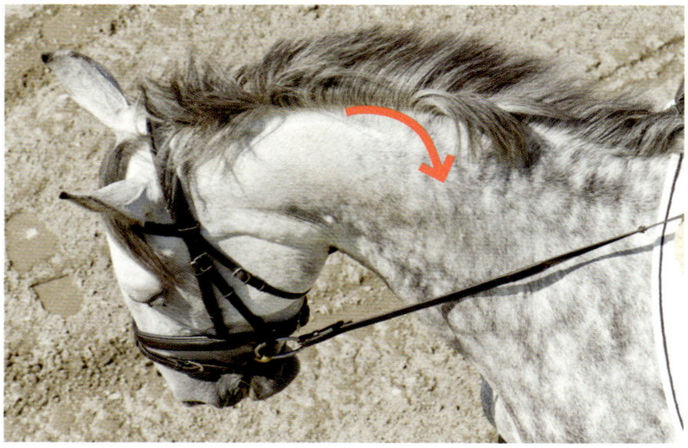

▲ C. La mobilisation de cette articulation fait basculer la crête.

L'importance du pli

Le cavalier doit viser le pli car il ouvre la voie à une parfaite soumission du cheval aux aides de main. Sans lui, le cheval ne peut se pousser sur la rêne extérieure et ne peut accepter et céder (mollir) grâce la rêne intérieure ; en d'autres termes, il ne peut être correctement assoupli. Or, s'il n'est pas souple, il ne peut fonctionner au mieux dans son arrière-main, et sans ces éléments en place, il ne peut pas, par ricochet, être droit. Notez la désintégration de l'échelle de progression : pas de souplesse, pas d'impulsion ni de rectitude sans flexion.

▲ Contre-pli.

Comment obtenir le pli ?

Pour obtenir un pli, c'est-à-dire un cheval dont le regard est légèrement tourné du côté du sens de la marche (dans le contre-pli, il regarde dans la direction opposée), il faut d'abord et avant tout, du côté du cavalier, de l'équilibre et un bon contact. Sans perdre ce contact, cédez sur la rêne extérieure et agissez en proportion sur la rêne intérieure. Si le cheval se ploie correctement, vous devez sentir le contact mollir très subtilement sur la rêne intérieure. Vous devez pouvoir juste apercevoir le coin de l'œil du cheval.

Correction des défauts de pli

Une erreur courante consiste à demander trop de pli, en utilisant excessivement la rêne interne. Dès lors que vous voyez une grande partie de l'œil et une partie de la face, vous êtes allé trop loin, une erreur qui incite immanquablement l'épaule extérieure à s'échapper.

- **Si le problème se prolonge,** il se finit par une traction sur la bouche du cheval, ce qui constitue un grave défaut. La restriction de l'encolure ferme la porte au mouvement en avant et empêche physiquement le cheval d'engager le postérieur interne et de se pousser dessus.
- **Le problème inverse** existe également : il y a contre-pli de l'encolure. Il faut alors remettre le pli à l'intérieur, c'est-à-dire que piste à main droite, vous devez voir l'œil droit, et piste à main gauche, l'œil gauche. La perte du pli juste est un signal d'alarme précoce d'un problème d'équilibre.
- **Autre défaut :** la tête du cheval bascule sur le côté, généralement parce que le cavalier ne cède pas suffisamment sur la rêne externe pour permettre le pli. Le cheval finit par porter sa tête une oreille plus haute que l'autre. Pour y remédier, le cavalier doit monter le cheval droit, sans flexion, en lui demandant extensions et descentes d'encolure (voir « Bas et long » page 142).

▲ Basculement de la tête.

LEÇON N° 28 L'incurvation

L'incurvation désigne l'infléchissement du corps du cheval sur toute la longueur de la colonne et non pas simplement sur celle de l'encolure. L'incurvation va de pair avec un certain degré de pli. Il convient de souligner une distinction importante ici : on peut avoir du pli sans incurvation, mais pas d'incurvation sans pli.

L'importance de l'incurvation

Quand le cheval apprend à s'incurver dans les tournants, que ce soit dans les coins, sur le cercle, sur des lignes courbes ou sur toute figure de manège, il apprend à s'étirer et à mieux fonctionner dans son corps. L'incurvation engendre un cheval plus souple (voir la phase de la souplesse et de la décontraction dans l'échelle de progression). Un cheval correctement incurvé s'infléchit sur le cercle : sa colonne vertébrale épouse le cercle de la nuque à la queue.

L'incurvation est également un élément essentiel de l'acceptation des aides diagonales, et vice versa. Et quand le cheval développe sa souplesse puis l'équilibre que lui procurent les aides diagonales, il est sur la voie de la rectitude.

▲ Le cheval s'incurve correctement autour de la jambe intérieure.

INCURVATION : LE POINT DE VUE D'UN VÉTÉRINAIRE

Il y a plusieurs degrés d'incurvation, selon l'anatomie et le niveau de travail du cheval. Sur le plan structurel, le corps ne peut réellement s'incurver également de la tête à la queue, du fait de limitations au niveau des articulations intervertébrales.

Selon les études conduites par le Dr Hilary Clayton, qui occupe la chaire de dressage Mary Anne McPhail en médecine sportive équine à l'université du Michigan, la partie la plus souple du cheval est la zone en avant du garrot, celle des vertèbres cervicales.

À partir du garrot (où commencent les vertèbres thoraciques), les articulations intervertébrales sont beaucoup moins mobiles car la colonne vertébrale a ici besoin de stabilité pour permettre l'attache des antérieurs. Les vertèbres lombaires possèdent une certaine mobilité, mais le sacrum est parfaitement rigide, les vertèbres sacrées étant soudées.

Notez que, bien que la région thoracique soit dépourvue de mobilité, le cavalier peut avoir une *sensation* d'incurvation à cause de la rotation de la cage thoracique (dans le cas d'une jambe intérieure demandant au cheval de s'en écarter). Le Dr Clayton a aussi découvert que le mouvement relatif des omoplates gauche et droite coulissant le long de la paroi thoracique pouvait donner au cavalier l'impression que le cheval s'incurve.

En ce qui concerne le niveau de travail, on ne peut demander à un jeune cheval encore vert dans le travail de manège autant d'incurvation qu'un cheval de niveau beaucoup plus avancé. L'infléchissement du corps doit toujours correspondre à la courbe de la ligne demandée. Par exemple, un cercle de 20 mètres demande une incurvation très légère, graduelle, alors qu'un cercle de 10 mètres exige considérablement plus d'efforts. Évidemment, un jeune cheval ou un cheval vert dans le travail ne sera susceptible que de gérer le travail de gymnastique du cercle de 20 mètres.

DEGRÉS D'INCURVATION DE LA NUQUE À LA QUEUE

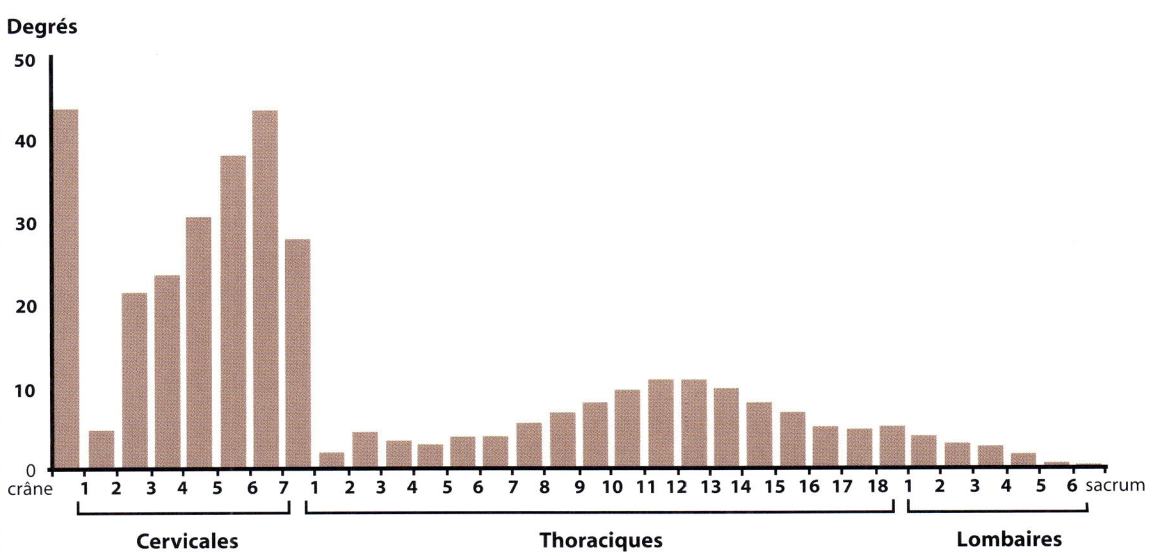

COMMENT OBTENIR UNE INCURVATION JUSTE ?

Il y a deux conditions capitales pour enseigner l'incurvation au cheval : tout d'abord il doit se soumettre à la rêne interne sans pour autant s'appuyer dessus et deuxièmement il doit avoir appris à se porter vers la rêne externe. L'incurvation est une action d'équilibrage, au sens propre comme au figuré, avec des aides diagonales finement réglées et coordonnées, décrites ici :

- **La première action des aides** consiste à peser sur l'ischion intérieur.
- **Dans le même temps,** demandez avec la jambe intérieure à la sangle l'engagement du postérieur interne.
- **La jambe extérieure** sert de jambe de position. Légèrement en arrière de la sangle, elle empêche les hanches de s'échapper.
- **La rêne intérieure** demande au cheval de se ployer et de céder. Pour les jeunes chevaux, ou ceux qui sont particulièrement raides et résistent à l'incurvation, vous pouvez aussi aider le cheval à s'orienter dans le tourner au moyen d'une rêne d'ouverture intérieure.
- **La rêne extérieure** doit être suffisamment moelleuse pour permettre au cheval le pli et l'incurvation interne, mais suffisamment tendue et au soutien pour limiter le pli et empêcher l'épaule extérieure de s'échapper.

Avant de demander au cheval d'incurver son axe horizontal autour de la jambe intérieure, il convient de réviser les fondamentaux de la rectitude (voir leçon n° 24, page 155). Les chevaux, par nature, ne sont pas symétriques. La plupart ont un côté gauche raide et un côté droit court. Selon que vous êtes à une main ou à l'autre, vous rencontrerez donc des problèmes différents.

Correction des défauts d'incurvation

On imprime souvent trop de pli. La partie la plus souple du cheval se trouvant en avant du garrot, l'encolure et la tête sont les parties les plus faciles à infléchir, et l'on a facilement tendance aux excès. Il faut se concentrer sur l'incurvation du corps tout entier autour de la jambe

▲ Un cheval raide colle à la jambe intérieure du cavalier.

▲ Trop de pli.

intérieure. C'est elle le but à viser, et non la flexion de la nuque.

Certains problèmes d'incurvation viennent du cheval et relèvent plus de questions d'équilibre, de souplesse et de rectitude. Un cheval raide à main gauche, et certains sont naturellement plus raides que d'autres, peut donner la sensation d'une traction avant.

Le cavalier peut avoir l'impression de sentir tout le corps se coller à sa jambe intérieure. Pour régler ce problème, il faut des exercices d'assouplissement et un cavalier capable d'encourager un cheval à se décontracter grâce à ses aides internes et, au fil du temps, à s'incurver même si les muscles opposent une résistance.

Autre problème : le cheval en contre-incurvation, c'est-à-dire incurvé dans la direction opposée à celle du déplacement. Manquant d'équilibre, il tombe sur l'intérieur. Le cavalier, en tentant d'y remédier, utilise souvent à l'excès la rêne externe. Il lui faut rétablir les aides diagonales, obtenir que le cheval s'écarte de la jambe intérieure et s'équilibre sur la rêne extérieure.

On peut avoir du pli sans incurvation, mais pas d'incurvation sans pli.

▲ Le cheval est contre-incurvé et le pli est à gauche alors qu'il est à main droite.

L'EMPLOI DES AIDES DIAGONALES

Le pli et l'incurvation sont au cœur des aides diagonales. Au début de l'éducation du cavalier et du travail du cheval, ce dernier est monté avec des aides latérales : main gauche pour le travail à gauche, main droite pour le travail à droite.

Avec les aides diagonales, cavaliers et chevaux passent un palier important. Le cavalier monte le cheval de la jambe interne vers la rêne externe (pour plus de détails sur les aides diagonales, voir leçon n° 10, page 80).

LEÇON N° 29 Le demi-arrêt

Robert Dover, six fois participant aux jeux Olympiques, disait un jour en plaisantant à un groupe de jeunes cavaliers de dressage qu'il avait deux mots à conseiller à tous les cavaliers : « demi » et « arrêt ». Une règle d'or non seulement pour le jeune cavalier de dressage, mais aussi pour toute personne qui se met en selle.

Le demi-arrêt est probablement l'ordre le plus fréquemment utilisé par tous les instructeurs du monde. On pourra aussi vous demander « d'ajuster » ou de « rééquilibrer », mais quel que soit le terme utilisé, cette technique équestre d'une importance suprême n'en est pas moins souvent mal comprise. De tous les sujets abordés dans ce livre, le demi-arrêt représente le plus important défi lancé au cavalier, de loin, et ce d'autant plus qu'il est redoutablement efficace s'il est utilisé à-propos.

▲ Trot actif.

Qu'est-ce que le demi-arrêt ?

Quand on m'en demande la définition, j'essaie d'apporter une réponse brève et précise, de façon à ne pas rendre mon élève totalement perplexe (il en aura bien le temps plus tard !). Voici comment je le décris : « un demi-arrêt est un petit *hola* au cheval, suivi d'un petit *en avant*, terminé par un petit relâchement ». Simple comme bonjour, ne dirait-on pas ? Si seulement c'était vrai...

Voilà ce que dit la FEI sur le sujet : « Le demi-arrêt, qui doit être à peine visible, résulte d'une action presque simultanée et cordonnée de l'assiette, des jambes et de la main du cavalier. Il a pour but d'augmenter l'attention et l'équilibre du cheval avant d'exécuter certains mouvements ou des transitions aux allures inférieures et supérieures. En reportant légèrement plus de poids sur l'arrière-main du cheval, l'engagement des postérieurs et l'abaissement des hanches sont plus aisés, à la faveur de l'allégement de l'avant-main et d'un meilleur équilibre général du cheval ».

▲ Reprendre.

▲ Relâcher et remettre en avant.

J'utilise aussi une analogie facilement compréhensible pour la majorité des élèves : le demi-arrêt est semblable à l'embrayage d'une voiture ou d'un camion (une comparaison moins compréhensible dans les pays où les véhicules sont presque tous à boîte automatique). Quand vous embrayez, vous signalez au moteur que vous pouvez passer à la vitesse supérieure ou rétrograder, ou peut-être rester finalement à la même vitesse. Le moteur fait une pause à ce moment, tant que le conducteur n'a pas pris sa décision. C'est la partie *hola* du demi-arrêt.

Pour poursuivre cette analogie, le conducteur relance le moteur en débrayant, pour relancer l'énergie avant même le prochain changement de vitesse. C'est la partie *en avant* du demi-arrêt. Ainsi, quand il change de vitesse, la voiture poursuit sa route. C'est comparable au relâchement du demi-arrêt.

L'importance du demi-arrêt

Le demi-arrêt est un outil si précieux qu'une fois que vous aurez acquis les compétences et la précision nécessaires à sa bonne utilisation, il vous deviendra absolument indispensable. Il a pour principal objectif de contrôler et de diriger le flux mouvant d'énergie entre le cheval et le cavalier. Ce faisant, vous pouvez trouver mille et une raisons de recourir au demi-arrêt et plus vous l'emploierez, meilleur cavalier vous serez.

Avec le demi-arrêt, vous avertissez votre monture d'un possible changement à venir : une transition entre allures ou dans l'allure, pas de changement d'allure mais un rééquilibrage en vue du prochain coin… Le demi-arrêt signale à votre cheval qu'il doit se tenir prêt.

Voici une liste absolument pas exhaustive des moments où vous pouvez ou devriez exécuter un demi-arrêt :

- Transitions entre allures ;
- Variations d'amplitude ;
- En préparation à un nouvel exercice ou à un nouveau mouvement ;
- Pour améliorer ou conserver le rassembler et le soutien du cheval.

Les questions de fréquence, d'intensité et d'intention sont propres à chaque demi-arrêt. L'utilisation qu'en fait le cavalier dépend de la situation où lui et son cheval se trouvent. Imaginez le demi-arrêt comme doté d'un bouton de réglage du volume : certains signaux sont forts et peu discrets, d'autres faibles et à peine audibles, et beaucoup quelque part entre les deux. Bien que les cavaliers de Grand Prix utilisent en concours des demi-arrêts magnifiques et parfaitement imperceptibles, dans le travail il arrive fréquemment qu'un demi-arrêt « sonore » soit tout à fait conforme à ce qu'il convient de faire juste à ce moment-là.

Que se passe-t-il dans le demi-arrêt ?

Quand le cheval se déplace dans l'impulsion au trot ou au galop (le pas n'est pas nécessairement le moment le plus productif pour le demi-arrêt, car l'énergie en avant n'est pas suffisante) et que le cavalier le freine tout en lui demandant parallèlement plus de propulsion et d'engagement, plusieurs changements notables doivent se produire. Il doit :

- Donner l'impression d'être plus léger à la main ;
- Manifester un désir accru de se porter en avant ;
- Se porter plus positivement vers le mors ;
- Donner la sensation d'un meilleur équilibre longitudinal.

LA MISE EN PRATIQUE

Si vous n'avez jamais réalisé de demi-arrêts auparavant, ou si vous avez simplement besoin de mettre le cheval à l'écoute de vos aides, voici un excellent exercice qui simplifie et clarifie la technique.

Commencez au trot. Demandez ensuite une transition au pas dans l'idée que le cheval se soumette à votre assiette et à votre jambe enveloppante, puis ajoutez les aides de main. Après une foulée ou deux, redemandez le trot. Répétez ensuite cette séquence plusieurs fois.

Vous vous rendrez rapidement compte que le cheval vous prête plus attention et attend votre prochaine demande. Puis, demandez le pas, mais au moment même où il va marcher, mollissez et mettez un peu de jambe, comme si vous lui disiez « oublie le pas, on reste au trot finalement. » Ce moment-là est un exemple de demi-arrêt très sonore.

Vous pouvez alors essayer de vous faire plus léger et plus discret dans vos aides pour rendre le demi-arrêt moins perceptible. Il est aussi possible de varier les plaisirs et ajouter quelques vraies transitions au pas.

Aides du demi-arrêt

Étudions maintenant les aides adéquates. On peut décomposer le processus en trois grandes étapes, mais le secret, c'est la précision !

- **Préparez.** Commencez dans l'idée que le cheval doit être poussé en avant par le jeu de l'assiette et des jambes.
- **Ralentissez.** En même temps, demandez-lui de ralentir un bref instant, mais attention à ne pas laisser vos mains prendre le dessus. Une main trop restrictive va bloquer le mouvement en avant, arrêtant la propulsion avec les postérieurs (exactement l'inverse du but visé). Vous devez chercher à envelopper le cheval entre vos aides de poids, de jambes et de mains pour le contenir un bref instant.
- **Molissez.** Quand le cheval réagit à votre message, *attends*, la troisième étape, la plus importante, consiste à mollir dans vos aides afin de libérer votre cheval de votre emprise et de lui permettre de se porter en avant à nouveau.

Laissez-moi répéter les mots « fréquence », « intensité » et « intention ». La description des aides et de leur ordre dans les grandes lignes pose les questions suivantes : à quelle fréquence, avec quelle force, avec quelle douceur, et dans quel but ?

Pour développer des demi-arrêts efficaces et justes, je conseille à tous d'être très attentifs aux attentes du cheval et de jouer avec les aides et sur leur intensité. Découvrez par vous-même ce qui est efficace et ce qui ne l'est pas avec votre monture.

Chaque cheval réagit en effet différemment à une même combinaison des aides de poids, de jambe et de main. Toute la question est de savoir quelle est celle qui fait effet au vôtre.

Correction des défauts du demi-arrêt

La plus grande erreur se résume par les deux types extrêmes de défaut de main. Si le cavalier met trop de main, s'il a la main dure, le cheval se défend en levant la tête ou se contente de ralentir. S'il met trop de jambe, le cheval peut accélérer et en conséquence courir sur les épaules.

▲ Le pli, l'incurvation et le demi-arrêt sont des composants de figures de dressage.

H H

LES FIGURES DE MANÈGE

LES FIGURES DE MANÈGE

Les figures de manège sont au cœur des séances de travail pour le cheval comme pour le cavalier, mais leur valeur est directement proportionnelle à l'effort que vous y consacrez. La rigueur de la pratique en manège porte ses fruits sous la forme d'un cheval obéissant, équilibré et agréable à monter. Les objectifs fondamentaux du dressage sont atteints quand les figures s'enchaînent avec fluidité.

La majorité des cavaliers ont le choix entre trois environnements équestres principaux : en extérieur, en terrain naturel, dans une carrière au sol travaillé mais sans dimensions particulières, ou dans un manège de dressage en bonne et due forme, avec des dimensions précises et des lettres pour repères. Ce dernier est le cadre idéal en ce qu'il vous permet de prêter l'attention qui s'impose aux dimensions exactes et à l'exécution de chaque exercice.

Ne me faites pas dire ce que je n'ai pas dit : vous pouvez tout à fait travailler sur des cercles et d'autres figures de manège dans un espace sans repères, mais il est simplement plus difficile de tirer tout le bénéfice d'un cercle de 20 mètres, par exemple, en l'absence de jalons pour définir clairement la localisation exacte des points de la figure.

Le manège de dressage

Quand vous entrez dans un manège de dressage, vous pouvez avoir une impression de déjà-vu, vague souvenir d'un cours de géométrie : diamètres, périmètres, cercles, lignes droites, diagonales, etc. Bonne nouvelle cependant : un manège aux dimensions et aux repères corrects est le même où que vous soyez. Quand vous en connaissez un, vous les connaissez tous.

Un manège de dimensions standard, ou « grand manège », mesure toujours 20 m x 60 m. Un manège d'instruction, ou « petit manège », mesure 20 m x 40 m. (Dans tout cet ouvrage, j'entends un manège de dimensions standard pour pouvoir discuter des figures, mais un petit manège offre également de bons repères pour dessiner des figures de manège précises). Les lettres de dressage servant de base à vos exercices s'y trouvent aussi. Elles sont toujours placées au même endroit, à intervalles en mètres mesurés depuis des points précis, comme les coins ou la ligne du milieu. Grâce à elles, vous pourrez exécuter vos figures avec précision, comme sur du papier millimétré.

Le but du manège

Le manège de dressage et les figures de manège facilitent la définition des objectifs de travail et permettent d'apporter un précieux feedback au cavalier. Si vous faites un cercle en C, il doit commencer à la lettre, pas un mètre avant ou après. Un jour, j'ai entendu un moniteur dire que le saut d'obstacles était affaire d'adrénaline, et le dressage de précision. Le manège permet d'acquérir cette précision.

La qualité des figures que vous exécutez avec votre monture est très révélatrice de la qualité de votre équitation. Si votre cercle de 20 mètres ressemble au final davantage à un œuf, vous savez et devez constater que vous avez du mal avec vos aides, l'équilibre, la soumission, et bien d'autres choses encore. Il est quasiment impossible de dessiner une forme parfaitement circulaire si vous n'avez pas réussi à mettre en place tous les éléments d'une bonne équitation.

Check-list des figures de manège

Dans les premiers stades de l'apprentissage de l'équitation et du travail d'un cheval, les figures de manège restent basiques : cercles, lignes courbes, lignes droites. C'est sur elles que se concentre cet ouvrage, parce que ce sont les bases de l'équitation, mais au fur et à mesure de votre progression, elles deviennent plus ambitieuses, changeant de dimensions et commençant à intégrer des nuances et des variantes dont l'imagination est la seule limite.

Quand vous les travaillez lors de vos séances quotidiennes, il est bon d'apprendre à garder en arrière-plan de votre esprit une check-list des critères ou des objectifs :

- **Un rythme régulier.** Le cheval doit conserver un rythme régulier dans tous les cercles, tourners, incurvations et lignes droites.
- **La rectitude.** Comme illustré à droite, le cheval doit être droit, comme s'il suivait une voie de chemin de fer. Souvenez-vous de la définition de la rectitude page 155 : « La rectitude est la caractéristique d'un cheval dont les antérieurs sont alignés sur les postérieurs dans les lignes droites et les courbes, aux trois allures. »
- **Travaillez les deux côtés.** N'oubliez pas de travailler également aux deux mains, pour construire un équilibre symétrique.

Travail sur des cercles

Le cercle est la figure la plus utile de toutes. Il est essentiel au travail des jeunes chevaux et des cavaliers novices, à la fois à la longe et en selle. Vous pouvez faire un cercle au pas, au trot ou au galop. On n'est jamais trop bon cavalier pour les cercles. Les chevaux de plus haut niveau et les professionnels les plus confirmés les pratiquent tous les jours. Il y a toujours quelque chose à apprendre ou à rectifier lors d'un cercle. On voit des cercles dans les concours de dressage, en instruction, et à l'obstacle. L'équitation sans le cercle est inimaginable.

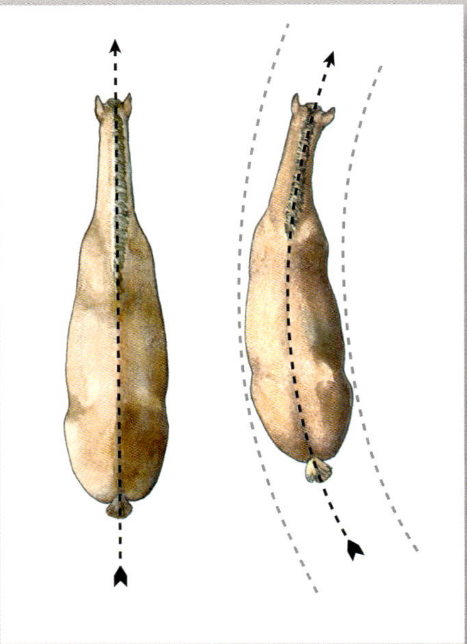

◀ Le cheval doit être droit, même sur les courbes, comme s'il suivait une voie de chemin de fer.

LES LETTRES DU MANÈGE : L'ALPHABET EN FOLIE

Les cavaliers qui font leurs premières armes en manège se demandent toujours ce que les lettres du manège signifient, essayant d'y trouver une quelconque logique. Je suis navrée d'avoir à le dire, mais ces lettres ne veulent rien dire et n'ont aucune logique. Elles n'étaient même pas utilisées dans les concours internationaux avant le XXe siècle. Elles étaient d'ailleurs absentes des premiers jeux Olympiques en 1912. Pour une raison inconnue, elles ont fait leur apparition aux jeux Olympiques de 1920.

La FEI offre deux explications possibles. Selon une théorie, les lettres sont les initiales du nom de villes conquises par les Romains. Selon la deuxième, historiquement, les murs des écuries royales allemandes portaient des repères marquant l'endroit où les membres de la Cour devaient venir prendre leur cheval. Par exemple, K était pour le roi (*König*), et H pour le *Hofmarschall* (le grand chambellan). Mais cette théorie comporte quelques failles, puisqu'aux jeux Olympiques de 1920, la ligne du milieu était aussi marquée de lettres et qu'à l'époque royale, il n'y avait pas de désignation au milieu de la cour.

Quelle que soit leur vraie histoire, on se sert parfois de moyens mnémotechniques pour les retenir. Un exemple, en débutant par A et la ligne du milieu, dans le sens des aiguilles d'une montre : « en A on Double dans la Longueur, en X on Insiste sur le Galop en Cadence, en M on Redresse le Buste Pour Freiner, et en K Vitesse et Équilibre Sont Harmonieux. »

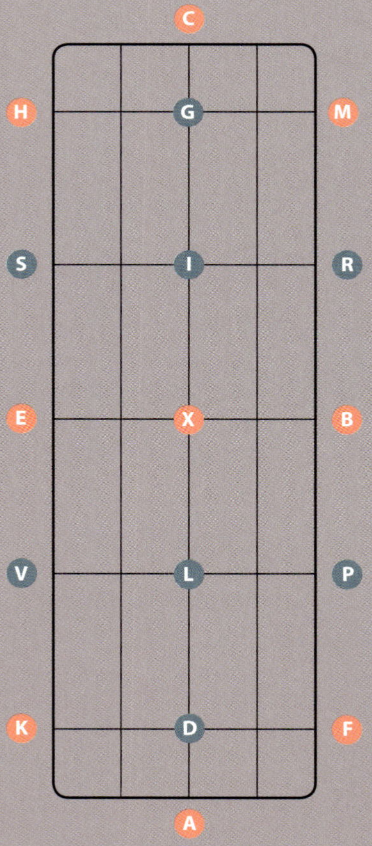

LEÇON N° 30

Le cercle de 20 mètres

Les jeunes chevaux, les réformés et les chevaux travaillés dans l'optique d'une nouvelle discipline ou revenant au travail après une parenthèse doivent toujours commencer par le cercle de 20 mètres, pas moins. Le cavalier novice doit lui aussi maîtriser le cercle de 20 mètres avant de s'essayer à plus petit. Au fur et à mesure qu'il développe plus de muscle et d'équilibre et que le cavalier gagne en habileté, tous deux peuvent s'attaquer à un cercle plus petit, plus exigeant.

Sa configuration

Le cercle de 20 mètres se réalise traditionnellement en trois points du manège : en A, en C ou au milieu, les lettres B et E marquant le début ou la fin. Les murs du manège et les lettres facilitent la précision du tracé pour le cheval et le cavalier.

Si vous exécutez un cercle à un bout ou à un autre du manège (A ou C), vous avez l'avantage d'avoir trois murs pour vous guider. Le cercle du milieu n'offre que deux murs et peut parfois être un peu ardu. Il n'y a rien de mal cependant à faire un cercle de 20 mètres n'importe où dans le manège dans vos séquences quotidiennes. Tant que vous débutez et terminez votre cercle exactement au même endroit, que vous atteignez le point à l'exact opposé sur la piste d'en face et que vous dessinez une figure circulaire, vous pouvez considérer que vous avez réalisé du bon travail !

Quelle est son utilité ?

Dans les premiers niveaux des concours de dressage, toute la reprise est construite autour de cercles de 20 mètres parce qu'il bien plus facile de garder un cheval concentré, souple et à l'écoute des aides sur un cercle de ce diamètre. Dès que vous quittez le cercle pour marcher large, le cheval devient plus difficile à monter, le cercle ayant une capacité intrinsèque à garder le cheval décontracté, incurvé et connecté. Sur les lignes droites, le cavalier doit faire preuve de plus de maîtrise et de justesse dans les aides pour parvenir aux mêmes résultats.

COMMENT EXÉCUTER UN CERCLE DE 20 MÈTRES ?

Si le cercle de 20 mètres est le plus facile à exécuter, le maîtriser n'a rien d'un jeu d'enfant. Pourquoi les cercles sont-ils si difficiles ? Pour une raison simple : chaque foulée est une opportunité de problème. Pour réaliser un cercle, il faut tout d'abord être bien conscient d'une chose : la courbure du corps du cheval doit correspondre à l'arc du cercle lui-même.

Pour réaliser un cercle correctement, un cavalier doit mettre en place un pli et une incurvation juste, avec des aides diagonales fonctionnant parfaitement, comme expliqué ici :

- **Commencez par peser légèrement** sur l'ischion intérieur.
- **Utilisez votre jambe intérieure** pour demander l'incurvation.
- **Employez votre jambe extérieure** comme aide de position pour empêcher que le cercle ne perde sa forme en s'évasant.
- **De la rêne intérieure,** demandez le pli à l'intérieur.
- **Avec la rêne extérieure,** soutenez le cheval.

Quand j'apprends à un élève à faire un cercle, j'aime poser une question piège : « combien de foulées en ligne droite sur un cercle ? » La bonne réponse est aucune, bien sûr, mais il est bien rare le cercle qui ne comporte pas au moins une foulée en ligne droite dans les premiers temps de l'apprentissage.

Pour dessiner un cercle parfaitement rond, il faut un cavalier proactif, et non réactif. Un cavalier proactif prépare et prévoit les problèmes qu'il est susceptible de rencontrer. Si vous n'avez jamais vraiment exécuté un cercle géométriquement correct ou si vous luttez toujours, installez des cônes pour vous aider à vous entraîner, c'est toujours une excellente façon de faire.

L'exemple qui suit traite d'un cercle de 20 mètres en A, mais vous pouvez le commencer à n'importe lequel des autres points traditionnels. Débutez votre cercle en A et gardez tout le long du cercle le regard fixé sur le cône suivant. Dès que vous approchez un cône, pensez à regarder vers le suivant et même au-delà. Cet exercice vous donne, à vous et à votre cheval, l'idée de la bonne taille et de la forme correcte du cercle, et de comment vous devez anticiper pour tracer cette forme.

LE CERCLE PARFAIT

Le cercle comme outil de travail du cheval n'a rien d'un concept neuf. On attribue souvent à Xénophon la paternité de la découverte du cercle de 20 mètres environ en tant qu'outil aux dimensions idéales pour travailler un cheval, et c'est par là que tous les chevaux (et cavaliers) devraient commencer. L'idée géométrique qui sous-tend cette conclusion, c'est que le cercle de 20 mètres demande juste le bon degré d'incurvation pour commencer le volet gymnastique du travail du cheval, et ne soumet les muscles, les articulations et les tendons à aucune contrainte néfaste.

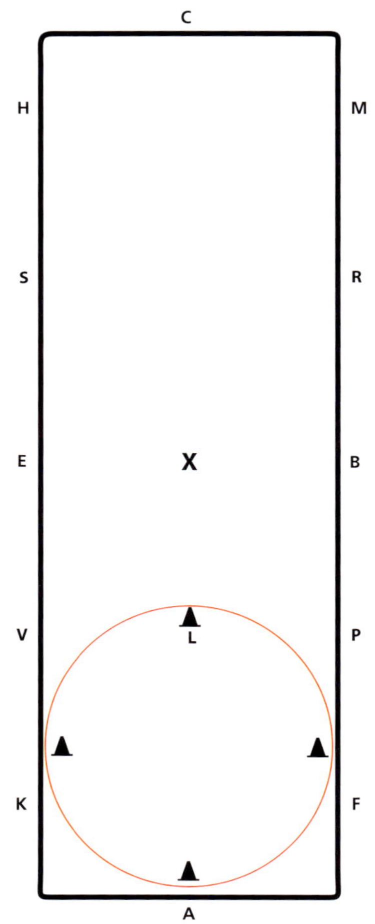

▲ Commencez par un cône placé en piste intérieure en A. Votre cercle devant passer 2 mètres après la lettre L, placez votre cône un mètre au-delà de L et faites votre cercle en passant à l'extérieur. Les deux cônes suivants vont à l'intérieur de la piste, quatre mètres après les lettres K et F sur les grands côtés.

Correction des erreurs sur le cercle

Le cercle regorge d'écueils potentiels. Parmi les erreurs courantes, le cavalier qui dérive dans les coins du manège, de sorte que le cercle s'étire. En équitation, il est très important aussi de bien faire les coins, mais il n'y a par définition pas de coin sur un cercle. Servez-vous de votre jambe et de votre rêne externes pour garder le cheval sur la courbe du cercle.

N'oubliez pas de tourner

Autre erreur répandue : le cavalier qui oublie de dire au cheval qu'il doit tourner, le meilleur exemple étant avec les cercles en A. Tant que le cavalier se sert du mur comme guide, tout va relativement bien.

Mais le cercle se désagrège quand le cavalier demande au cheval de continuer à tourner pour quitter la piste. Il y a souvent pas moins de cinq foulées en ligne droite avant que le cavalier n'envoie au cheval le message lui demandant de poursuivre sur une courbe.

Chaque foulée sur un cercle est une foulée en arc de cercle.

Le mur semble attirer le cheval comme un aimant, et s'en écarter est aussi difficile pour lui que pour un insecte de se dégager d'un ruban tue-mouche. Mais il y a une bonne nouvelle : se dépêtrer de ce piège est un exercice excellent, tant pour lui que pour le cavalier. Regardez où vous allez longtemps à l'avance et gardez à l'esprit que chaque foulée sur le cercle est une foulée en tournant, cela fera déjà merveille.

Restez équilibré

On observe un autre problème fréquent avec le quart de cercle juste après la ligne du milieu, au moment où le cavalier revient vers le mur : c'est là que souvent, le cheval perd son équilibre. L'épaule extérieure s'échappe dans la direction opposée. Solution : une jambe et une rêne externes bien présentes.

Le problème inverse existe également : le cheval perd l'équilibre et tombe sur l'intérieur. L'un comme l'autre peuvent être la conséquence d'un emploi excessif de la rêne interne. Le cavalier doit garder le cheval équilibré en le poussant avec ses aides internes vers la rêne externe (voir leçon n° 10, page 80).

Pour décrire ces problèmes, on parle d'un cheval qui tombe sur l'intérieur, qui dérape vers l'extérieur, qui tombe sur l'épaule intérieure, dont l'épaule extérieure s'échappe, qui se couche sur le cercle… Toutes expressions qui marquent une perte d'équilibre et de rectitude du cheval. Souvenez-vous de l'échelle de progression : le cheval doit toujours être droit (antérieurs alignés sur les postérieurs comme s'il suivait une voie de chemin de fer) et ce, qu'il marche droit, sur une ligne courbe ou sur un cercle.

DIGRESSION SUR LE CERCLE

Le premier cercle réalisé avec des aides justes est un moment d'illumination dans l'éducation du cavalier. Intuitivement, on a tendance à « piloter » le cheval sur le cercle avec la rêne interne : c'est une erreur. C'est ainsi que l'on ferait à vélo, mais certainement pas à cheval.

Les aides correctes du cercle vont à l'encontre de l'instinct du cavalier : les aides *internes* donnent pli et incurvation, et les aides *externes* le font tourner. Un cercle mal tracé est très souvent la conséquence d'un cavalier qui fait tourner le cheval sur la rêne interne comme s'il était à bicyclette au lieu de se servir de la rêne et de la jambe extérieures comme aides de direction et de soutien et de la jambe intérieure comme jambe d'incurvation.

LEÇON N° 31 Le cercle de 15 mètres

Une fois le cercle des 20 mètres parfaitement maîtrisé par le cheval et le cavalier, les pièces du puzzle sont en place et tout est prêt pour un cercle de 15 mètres exécuté avec facilité.

Pour tracer correctement un cercle de 15 mètres, on peut faire un cercle en E ou en B, en prenant pour repère la ligne du quart, tangente au cercle puisqu'elle se trouve à 5 mètres du mur opposé. L'ensemble du cercle doit être rétréci en proportion par rapport à un cercle de 20 mètres, afin de ne pas dessiner un ovale. Comme de coutume, la courbure du corps du cheval doit épouser l'arc de cercle, mais ce dernier est ici nettement plus accentué.

Une règle d'or à garder en tête : le cheval doit toujours regarder dans la direction où il va.

▲ Bien que les problèmes soient ceux que posait déjà le cercle de 20 mètres, ils sont d'autant plus complexes que le cercle est petit, l'incurvation plus prononcée, etc.

LEÇON N° 32 Le cercle de 10 mètres

Le cercle de 15 mètres n'est en réalité qu'un tremplin vers le prochain exercice gymnastique des figures de manège, à savoir le cercle de 10 mètres. Les cercles de 10 mètres ne sont pas faits pour un cheval encore vert dans le travail. Ils exigent beaucoup en termes d'équilibre et de capacités athlétiques, de sorte que le cheval doit être travaillé avant de pouvoir réaliser un cercle de si petite taille. Ils sont un outil très précieux pour travailler l'impulsion, l'incurvation et le rassembler.

▲ La volte de 10 mètres est un outil précieux dans le travail sur le rassembler et l'incurvation. Plus l'incurvation est prononcée, plus l'effet gymnastique est intéressant.

Le cercle de 10 mètres ne couvre que la moitié de la largeur du manège. Si vous exécutez un cercle de 10 mètres en E ou en B, la lettre X marque le point de tangente. Le degré d'incurvation est spectaculaire, et l'équilibre représente un défi d'envergure. Tout comme le cercle de 15 mètres est plus difficile que celui de 20, le cercle de 10 mètres est encore plus ambitieux, tant pour le cheval que pour le cavalier.

On peut faire un cercle de 10 mètres n'importe où dans le manège ; la figure est utile pour inciter le cheval à engager les postérieurs, pour travailler le rassembler et comme transition vers des exercices plus avancés tels que l'épaule en dedans ou les hanches en dedans. En effet, sur la première foulée d'un cercle de 10 mètres, le cheval est dans la position qu'il doit avoir dans l'épaule en dedans, et sur la dernière foulée dans celle des hanches en dedans, mais ces exercices ne sont pas le sujet de cet ouvrage.

On n'est jamais trop bon cavalier pour les cercles ; même les chevaux de niveau avancé et les professionnels les plus aguerris les utilisent quotidiennement.

QU'EST-CE QU'UNE VOLTE ?

La volte… Encore un de ces termes équestres qui semblent semer dans leur sillage perplexité et désaccord. Pour certains instructeurs, c'est un cercle de 6 mètres. D'autres vous diront que c'est un cercle de 6, 8 ou 10 mètres. Pour d'autres encore, c'est un cercle de moins de 10 mètres, quelle que soit sa taille – et donc entre autres les cercles de 6 et de 8 mètres. Qui a raison ? La FEI déclare clairement que la volte est un cercle de 6, 8 ou 10 mètres. S'il est d'un diamètre supérieur à 10 mètres, on parle de cercle et non de volte. Nous considérerons donc ici la volte comme un terme générique pour parler d'un petit cercle.

Dans les niveaux plus élevés de dressage, on vous demande des cercles de 8 mètres au trot et au galop, cela étant la plus petite volte demandée en concours. Le plus petit cercle que vous puissiez demander fait 6 mètres de diamètre ; biomécaniquement, le cheval ne peut en effet s'incurver suffisamment pour rester droit sur un cercle plus petit et s'échappe forcément des hanches.

LEÇON N° 33 La demi-volte

Poursuivons notre étude des figures de manège. La progression naturelle nous conduit des cercles aux demi-voltes. Sur le plan gymnastique, il est impératif de travailler le cheval de façon symétrique, et la demi-volte est un excellent moyen de changer de main.

Comme toutes les figures de dressage, elle est une des pierres angulaires de l'évolution du cheval vers un niveau plus avancé. Par exemple, on peut jouer à reprendre la piste en cession à la jambe. Au fur et à mesure des progrès, cet exercice peut aussi être un outil d'enseignement de l'appuyer.

Mais la demi-volte ne doit pas être uniquement considérée dans le seul contexte du dressage. Elle abonde en effet sur les parcours d'obstacles, où elle est d'autant plus serrée que le parcours est technique. Sur un parcours, un demi-tour n'est rien de plus qu'une demi-volte entre un obstacle et le suivant.

▲ Demi-volte 10 mètres.

L'exécution de la demi-volte

Comme le cercle, la demi-volte s'exécute traditionnellement en deux points précis du manège.

Option 1 :

- **Marchez droit** jusqu'en E si vous êtes à main droite ou jusqu'en B à main gauche.
- **Arrivé à la lettre du milieu,** faites un demi-cercle de 10 mètres jusqu'en X.
- **En X,** au lieu de poursuivre votre cercle, revenez vers le coin du côté de la piste que vous venez de quitter, dans ce cas K. Si vous êtes à main gauche, la ligne vous emmène de X en E.

Option 2 :

- **Faites un demi-cercle** dans un coin à la fin d'un grand côté et reprenez la piste à l'autre main.

Vous pouvez faire une demi-volte n'importe où le long du grand côté du manège tant que vous vous laissez suffisamment de place pour reprendre la piste à l'autre main.

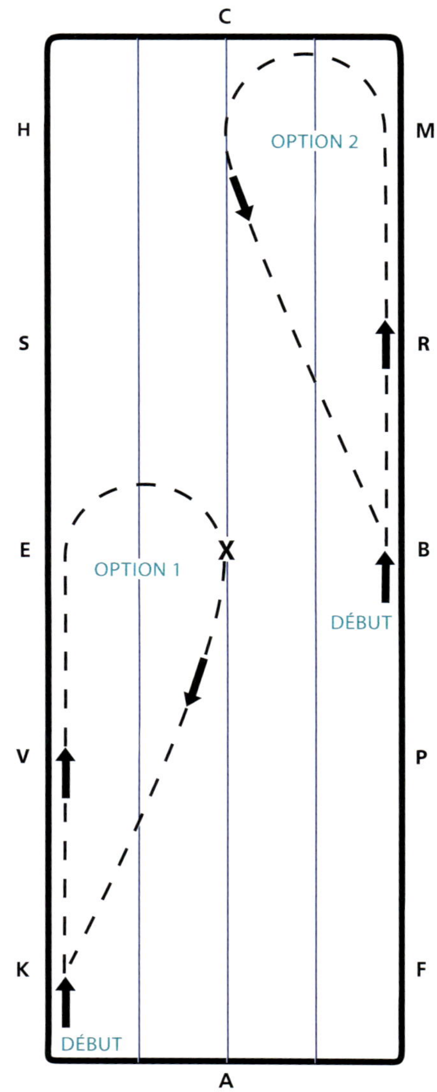

Inflexion sur la demi-volte

En conséquence de l'inflexion naturelle du cheval, la demi-volte est toujours plus difficile à une main qu'à l'autre (voir leçon n° 24, page 155). Pour la majorité des chevaux, la demi-volte de 10 mètres à droite risque d'être difficile à tenir, le cheval ayant tendance à s'échapper et à perdre l'équilibre en tombant vers la gauche.

Quand le cheval tourne à gauche, sa raideur naturelle de ce côté peut rendre le pli et l'incurvation problématiques. C'est précisément pourquoi la demi-volte, qui assouplit le cheval dans l'optique d'une incurvation et d'un pli plus symétriques, est si bonne pour lui.

LEÇON N° 34 Le huit de chiffre

Si toutes les figures abordées précédemment, vous évoquent le patinage artistique, attendez de découvrir le huit de chiffre. Cet exercice est par nature similaire à la demi-volte en ce qu'il offre un changement de main et impose par conséquent au cheval un travail de gymnastique symétrique.

Le huit de chiffre est utilisé en instruction de base et en concours. La principale difficulté de la figure réside dans le changement correct d'incurvation et de pli au milieu.

La réalisation du huit de chiffre

Le huit de chiffre est un exercice très modulable, que l'on peut exécuter de différentes façons. La version la plus fréquente (1, voir page 200) est peut-être le huit de chiffre constitué de deux cercles de 20 mètres avec la lettre X au centre. Le cercle de 20 mètres doit évidemment être maîtrisé avant d'essayer d'en coller ensemble deux en sens inverse. À l'encontre des autres figures de manège décrites jusqu'à présent, où aucune partie de la figure n'est droite, ce type de huit de chiffre comporte une foulée en ligne droite, exactement au point de contact entre les tangentes des cercles.

Pour l'exécuter correctement, placez vos aides en vue d'un cercle à une main, puis faites un demi-arrêt pour préparer le changement prochain, redressez le cheval sur une foulée et demandez ensuite l'incurvation et le pli à l'autre main. La foulée en ligne droite (qui, au début, vient parfois accompagnée de quelques consœurs) est impérative. Vous devez laisser au cheval le temps de se rééquilibrer et de se préparer au changement de main avant d'y aller.

▲ Version de base du huit de chiffre.

LE HUIT DE CHIFFRE AU GALOP

Le huit de chiffre au galop est une figure plus compliquée car il faut typiquement gérer un changement de pied entre les deux cercles (un cheval de niveau plus avancé peut faire un cercle au galop à juste et l'autre au contre-galop). Le choix le plus simple consiste à changer de pied en passant par le trot, c'est-à-dire en ramenant le cheval au trot sur quelques foulées avant de reprendre le galop sur le nouveau pied.

Progressivement, le travail devrait évoluer vers un changement de pied de ferme à ferme, le cheval passant directement du galop au pas, avant de reprendre le galop sur l'autre pied après quelques foulées de pas propres, sans foulées de trot. Enfin, le cheval peut faire un changement de pied en l'air, c'est-à-dire sans aucune foulée de trot ou de pas.

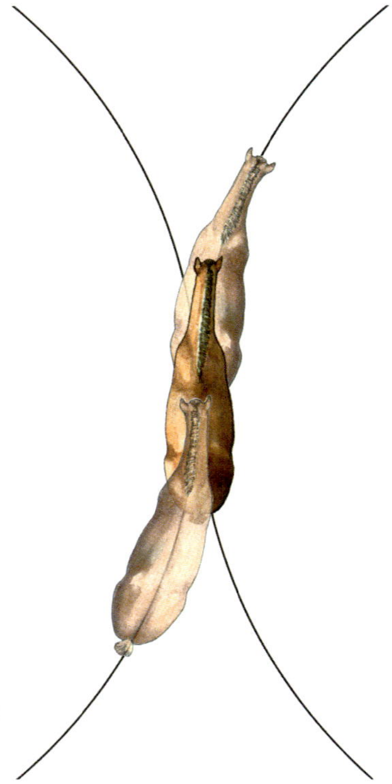

Les huit de chiffre ne font pas forcément 20 mètres de diamètre. Vous pouvez aussi faire des huit de chiffre de 15 mètres avant de progresser jusqu'aux huit de chiffre de 10 mètres. La version de 10 mètres peut être exécutée en utilisant la lettre X face à B ou à E (2) ou en utilisant la ligne du milieu (X ou n'importe quel point sur la ligne du milieu) comme repère de la foulée en ligne droite (3).

▶ Chaque changement de main exige un moment de rééquilibrage.

1

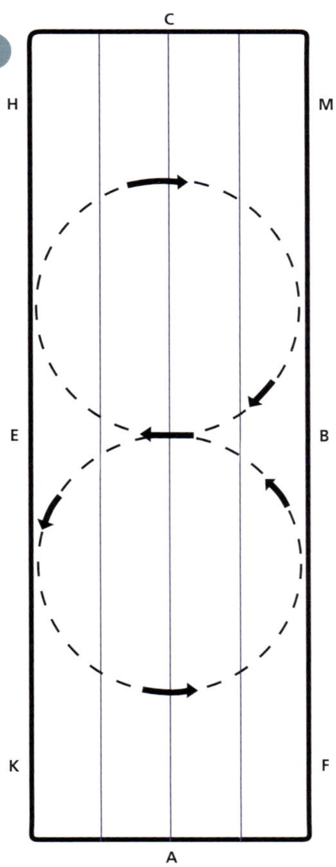

2

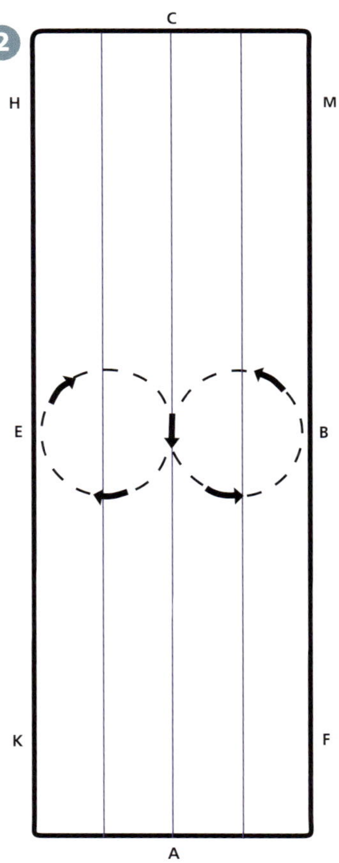

3

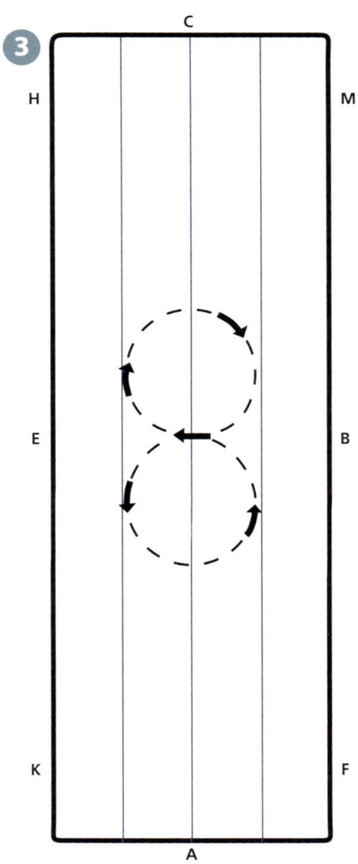

LEÇON N° 35 La ligne courbe

Quand je présente la ligne courbe (une serpentine aplatie) et la serpentine (une ligne courbe de piste à piste), je ne manque jamais de rappeler à mes élèves la racine du mot « serpentine ». Lignes courbes et serpentines évoquent effectivement bien un serpent sinuant dans le manège. La ligne courbe peut se décliner en divers types et diverses dimensions.

Les figures de manège sont les pierres angulaires du dressage, et les serpentines et lignes courbes sont parmi les meilleures à ce titre. Elles peuvent se faire au pas, au trot, au galop, dans des allures de travail ou rassemblées. Elles construisent brillamment l'équilibre et la souplesse du cheval. Elles ont en outre l'avantage d'être faciles à maîtriser, puisqu'elles se contentent de revenir sur ce que vous avez déjà accompli en exécutant des cercles, des demi-voltes et des huit de chiffre corrects.

N'oubliez pas que ces figures ne sont pas présentes qu'en dressage. Si vous avez des ambitions à l'obstacle, vous verrez rapidement en quoi assimiler les lignes courbes et les serpentines sur le plat peut se traduire dans des parcours propres. Considérez aussi le cheval de complet. De nombreux parcours de cross demandent au cheval et au cavalier de franchir des obstacles zigzaguants, et les serpentines et lignes courbes ont des répercussions directes sur cette capacité aussi.

Commencez par une ligne courbe

La ligne courbe est souvent une étape intermédiaire vers la serpentine.

Cet exercice, qui demande au cheval de quitter la piste et de la reprendre sans changer de main, est le plus facile à gérer pour un jeune cheval ou un cavalier novice. La douce incurvation qui écarte le cheval de la piste et l'y ramène ne pose pas de grande difficulté en termes d'équilibre ou de direction.

Il a pour objectif d'aider le cheval à développer un meilleur équilibre et à s'assouplir grâce aux infimes changements d'incurvation et de pli. Il est bénéfique également pour la rectitude du cheval, qui doit rester droit bien qu'il dessine une ligne courbe.

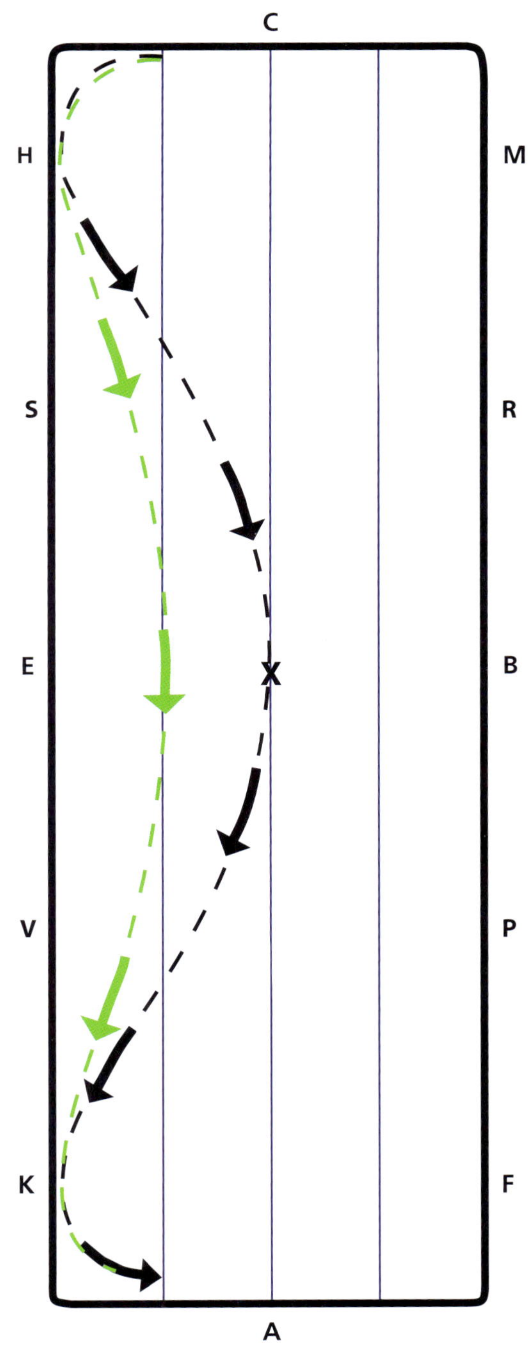

▲ Ligne courbe jusqu'à la ligne du quart (vert) ;
ligne courbe jusqu'à la ligne du milieu (noir).

L'EXÉCUTION DE LA LIGNE COURBE

Pour préparer le cheval à débuter une ligne courbe, vous devez rentrer dans les coins (voir leçon n° 38, page 209) pour préparer le cheval à quitter le mur à la lettre du coin en s'incurvant légèrement. Si vous utilisez votre coin avec intelligence, vous n'avez plus pour quitter la piste qu'à dessiner en douceur le tournant.

Il y a six mètres depuis le coin proprement dit du manège et chaque lettre du coin (M, H, F ou K). Utilisez ces six mètres le long du mur pour préparer le cheval à quitter la piste à la lettre du coin.

Manquer le coin revient à faire un virage en épingle à cheveux pour quitter la piste à la lettre du coin, car vous gaspillez alors la plus grande partie de ces six mètres que vous auriez pu mettre à profit pour préparer le moment où vous quittez la piste.

À partir de la lettre du coin, le cheval doit être ployé et incurvé dans la direction où vous allez. Demandez-lui une ligne courbe jusqu'à la ligne du quart (à 5 mètres du grand côté). Quand vous atteignez cette dernière, inversez l'incurvation et le pli et repartez en direction de la prochaine lettre du coin, du côté de la piste que vous venez de quitter.

L'incurvation que demande cette ligne courbe est infime, mais néanmoins très importante (elle deviendra peu à peu plus prononcée quand la ligne courbe s'accentuera, au fil de votre progression dans ces exercices).

Quand vous arrivez à la lettre du coin, l'incurvation et le pli s'inversent à nouveau. Allez de la lettre du coin au coin lui-même pour finir correctement la ligne courbe.

Lignes courbes jusqu'à la ligne du milieu

Une fois à l'aise avec la première version de la ligne courbe, l'étape suivante consiste à emmener le cheval plus loin dans le manège, dans une ligne courbe jusqu'à la ligne du milieu.

La préparation est la même que pour les lignes jusqu'à la ligne du quart. Il s'agit d'aller jusqu'en X avant d'inverser l'incurvation et le pli puis de reprendre la piste à la prochaine lettre du coin. Cette ligne courbe peut perturber le cavalier et son équilibre car il est psychologiquement prêt à changer de main quand il arrive en X. Or, il n'y a pas de changement de main ici, même si vous n'en passez pas loin.

▲ La ligne courbe doit s'écarter de 5 mètres de la piste pour une ligne jusqu'à la ligne du quart et de 10 mètres pour une ligne jusqu'à la ligne du milieu.

Deux lignes courbes

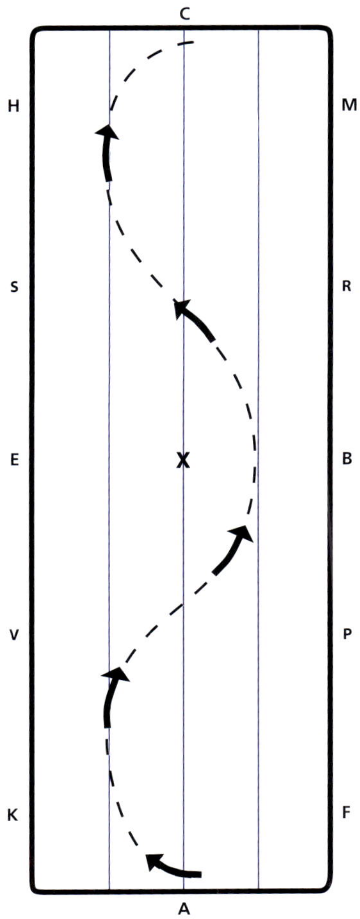

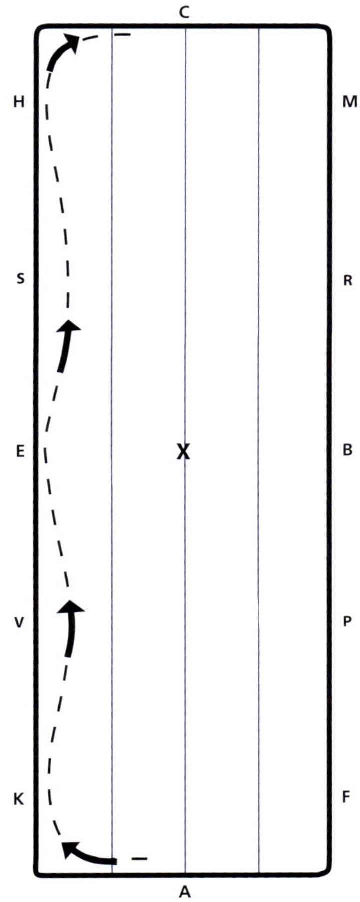

À GAUCHE : Dans cette version, la ligne courbe va de la ligne du quart à la ligne du quart. L'atout de cette forme réside dans l'absence de murs sur lesquels le cheval pourrait s'appuyer ; ce sont vos seules aides qui doivent le canaliser. Pour le cheval qui a tendance à tomber vers le mur, c'est un exercice utile pour redéfinir et clarifier les aides et l'équilibre.

Ce n'est qu'une variante de la ligne courbe (à droite). Comme pour cette dernière, préparez votre monture à quitter la piste par une ligne courbe à la lettre du coin, mais à 2,5 mètres du mur, incurvez légèrement votre cheval pour revenir vers la piste, en arrivant à la lettre du milieu (E ou B). À ce stade, redemandez le pli et l'incurvation vers l'intérieur puis écartez-vous de la piste jusqu'à 2,5 mètres environ et revenez à la lettre de coin.

Problèmes courants

Les erreurs que l'on voit communément avec les lignes courbes et les premières serpentines commencent par des coins mal faits. Dans toutes les figures, il est important de garder à l'esprit que le cheval a besoin d'un équilibre apporté par les aides diagonales. Commencer la ligne courbe comme un cercle ne prépare pas le cheval à la réussite, car la véritable difficulté consiste à le garder droit quand il quitte et quand il reprend la piste.

Autre problème fréquemment observé : le cheval qui revient sur la piste comme si on lui demandait un déplacement latéral. Cette cession à la jambe parasite s'accompagne habituellement d'une épaule extérieure qui s'échappe et d'un cavalier qui essaie de régler le problème en utilisant à l'excès la rêne interne, d'où un cheval avec un pli excessif et qui tombe vers le mur.

Une solution valable pour ces deux problèmes : ralentir et réaliser l'exercice au pas, laissant au cavalier – et au cheval – le temps de repérer les problèmes d'équilibre et de rectitude.

L'EFFET DOMINO

En équitation comme dans bien d'autres domaines, une erreur en entraîne une autre qui en entraîne une autre et rapidement, voilà tout le but de l'exercice dilué en un affreux embrouillamini. Dans ce cas, mieux vaut ralentir et exécuter la figure problématique au pas. Ce processus donne au cavalier l'occasion de réfléchir aux aides et aux actions à mettre en œuvre pour aider le cheval. Une fois le mouvement correct ressenti au pas, il n'y a plus qu'à reprendre le trot et à réessayer.

LEÇON N° 36 La serpentine à trois boucles

La ligne courbe est la première, la plus facile des missions d'incurvation pour le cheval et le cavalier. La serpentine à trois boucles complique la tâche, du fait du nombre de tournants et de changements de main. C'est un fantastique exercice d'assouplissement, qui fait travailler le cheval aux deux mains, de piste à piste. Il oblige par ailleurs le cavalier à concentrer toute son attention sur l'équilibre au moment du changement de main.

La FEI la décrit ainsi : « La serpentine est composée de demi-cercles reliés par une ligne droite. Lorsqu'il passe la ligne du milieu, le cheval doit être parallèle au petit côté. En fonction de la taille des demi-cercles, la longueur de la ligne droite est variable. »

Comment exécuter une serpentine à trois boucles ?

La méthode la plus courante pour la serpentine à trois boucles consiste à ne pas faire les coins et à incorporer une seule foulée de ligne droite entre chaque demi-cercle. Cette version commence à un bout du manège (en A ou en C) et démarre comme un cercle de 20 mètres. Comme dans le huit de chiffre, le cavalier demande une foulée en ligne droite au moment où il atteint la ligne du milieu, inverse le pli et l'incurvation et entame un cercle de 20 mètres à l'autre main.

À la moitié du cercle de 20 mètres suivant, sur la ligne du milieu à nouveau, le cavalier redemande une foulée en ligne droite, inverse le pli et l'incurvation, puis dessine un autre demi-cercle de 20 mètres à l'autre main.

▲ Serpentine à trois boucles.

La figure se termine à l'extrémité du manège en face de celle où la figure a débuté. En poursuivant l'exercice, on pourrait compléter tous les demi-cercles en remontant la serpentine à l'envers jusqu'à son point de départ.

Cette serpentine peut également être exécutée avec quatre demi-cercles de taille égale, ce qui en fait un exercice de niveau plus avancé. La serpentine se termine à la même main qu'au départ avec un nombre de boucles impair, et à l'autre main avec un nombre pair.

La serpentine à l'ancienne

Dans la serpentine telle qu'on la pratiquait jadis, chaque boucle débouche sur la suivante sans aucune foulée en ligne droite. Le cavalier arrive en oblique sur la ligne du milieu et les boucles se referment sur elles-mêmes. Le pli et l'incurvation du cheval s'inversent en douceur sur la ligne du milieu. Cet exercice est un bon moyen pour assouplir et décontracter le cheval.

Au fur et à mesure de la progression de votre monture, vous pourrez réaliser vos serpentines au galop, d'abord en alternant des boucles au galop et au contre-galop, avant de passer à des changements de pied ferme à ferme (galop, pas, galop) et pour finir à des changements de pied en l'air.

Correction des défauts dans la serpentine

L'une des plus grandes difficultés de la serpentine réside dans la réalisation de boucles de dimensions égales et symétriques. Il faut mentalement diviser le manège en parties égales de sorte que chaque boucle fasse exactement la même taille. Pour ceux qui ont du mal à se situer dans l'espace, ce peut être un véritable challenge. Les cônes peuvent être une aide précieuse. Placez-les au milieu du manège pour repérer l'endroit où vous devez faire votre boucle.

Autre erreur commune : un cheval qui n'est pas droit (au sens « antérieurs dans l'alignement des postérieurs ») sur ce qui s'avère finalement être une ligne constamment courbe. Si ce problème surgit, envisagez de revenir aux cercles pour vous reconcentrer sur la rectitude sur le cercle une main à la fois.

▲ Serpentine à l'ancienne.

LEÇON N° 37 Grande et petite diagonales

La dernière catégorie des figures de dressage, ce sont les diagonales. Si vous avez lu ce livre dans l'ordre, vous avez déjà entendu parler de « diagonal au trot enlevé » et d'« aides diagonales » ; les diagonales du manège sont encore une autre occurrence de ce mot en équitation.

Un non-cavalier est sans doute plongé dans des abîmes de perplexité quand il entend un instructeur en manège dire – tout à fait correctement – « changez de main par la diagonale », « n'oubliez pas de changer de diagonal au trot enlevé », « sers-toi de tes aides diagonales pour équilibrer ton cheval dans les coins ».

Comme leur nom l'indique, les diagonales coupent le manège en… diagonale. Elles constituent l'une des nombreuses possibilités pour changer de main dans le manège – nous avons déjà vu les demi-cercles, les huit de chiffre et les serpentines. Vous pouvez maintenant ajouter les grandes et petites diagonales à cette liste.

L'importance des diagonales

Bien que les diagonales semblent simples sur le papier, elles peuvent néanmoins présenter des difficultés surprenantes pour le cheval comme pour le cavalier. Dans le dressage, tout est affaire de précision. Des diagonales précises et correctes sont d'une importance vitale pour obtenir des résultats gratifiants en concours de dressage, mais aussi et surtout essentielles pour enseigner à un cheval la rectitude et l'équilibre, quelle que soit sa discipline. Si vous pratiquez le saut d'obstacles, par exemple, vous serez souvent confronté à un dispositif placé sur une diagonale de la piste.

La diagonale est une étape importante dans l'éducation et le travail en dressage. Bien que les concours

▲ Grandes diagonales.

de petit niveau demandent simplement la précision à la lettre et des lignes droites d'une lettre à l'autre, à plus haut niveau la diagonale devient l'occasion de faire la démonstration de trots allongés, de trots moyens et d'allongements, de galops moyens et d'allongements, ou encore de changements de pied en l'air, de pirouettes et de changements de pieds au temps. Une diagonale correcte et précise est la clé de voûte de toutes ces autres figures.

Grandes diagonales

Pour les grandes diagonales, choisissez un coin éloigné (c'est-à-dire la lettre du coin à la sortie du petit côté) comme point de départ. Quittez la piste à la lettre du coin, traversez le manège en une ligne droite passant par X et aboutissant à la lettre du coin opposée, avant de faire ce dernier. Il y a quatre façons correctes d'exécuter une grande diagonale : H à X à F, F à X à H, M à X à K, et K à X à M. Si vous exécutez une grande diagonale après l'autre, vous réalisez un huit de chiffre à l'échelle de tout le manège.

Petites diagonales

Les petites diagonales offrent plus de variété. Une petite diagonale n'utilise que la moitié du manège pour changer de main. Il y a quatre façons de prendre la diagonale si vous utilisez les lettres des coins vers les lettres du milieu : F à E, M à E, K à B, ou H à B.
Il existe aussi quatre possibilités en utilisant les lettres du milieu comme points de départ et en finissant aux lettres de coin : B à K, B à H, E à M, et E à F.

Quelle est la différence ?

Quelle est la différence, vous demandez-vous peut-être ? Il est parfois plus sensé de prendre une petite diagonale qu'une grande. Vous pouvez par exemple opter pour la petite si votre cheval précipite sur les lignes droites, perd son équilibre longitudinal (tombe sur les épaules) ou plus généralement se déconcentre. Un changement de main par la grande diagonale, plus « impressionnant » dans ce grand espace, est parfois un peu trop demander à un jeune cheval ou à un cavalier débutant.
Enfin, pour un cheval vert dans le travail débutant les allongements au trot, il est encore certainement un peu tôt pour qu'il puisse maintenir la propulsion sur toute la grande diagonale. Il se sentira sûrement plus à l'aise sur la petite diagonale qui lui donne l'occasion de conserver sa propulsion sur toute la longueur sans que ce soit trop contraignant.

▲ Petites diagonales.

COMMENT EXÉCUTER UNE DIAGONALE ?

Une diagonale correcte, pour n'importe quelle grande diagonale et pour la moitié des petites, commence par un coin bien fait (voir pages 209-210), comme décrit ci-dessous.

- **En gardant le cheval en équilibre** dans le coin, positionnez-le vers l'intérieur quand vous approchez la lettre de coin (n'oubliez pas que vous avez 6 mètres entre le coin à proprement parler et la lettre de coin ; utilisez cette distance pour bien positionner votre monture).
- **Regard fixé sur le coin** à l'autre extrémité de la diagonale, mettez votre jambe extérieure et demandez au cheval de quitter la piste.
- **En guidant le cheval** dans le couloir de vos jambes et de vos mains, dessinez une ligne parfaitement droite au travers du manège jusqu'à la lettre du coin opposé (si vous êtes sur la grande diagonale), en coupant le manège en deux moitiés égales.
- **Quand vous traversez la ligne du milieu** (précisément en X), inversez vos aides de mains et de jambes. C'est subtil mais important si vous voulez que votre cheval soit équilibré à la nouvelle main. Si vous êtes au trot enlevé, changez de diagonal en X (certains moniteurs demandent le changement de diagonal à la lettre du coin à l'arrivée).
- **Quand vous terminez,** si vous avez monté correctement, le cheval arrive sur la piste le bout du nez en premier, et non le côté de sa face ou son épaule en premier. Demandez le changement d'incurvation et de pli et rentrez dans le coin suivant en vous servant de vos aides diagonales.

Correction des défauts dans la diagonale

La majorité des problèmes associés à la diagonale se résument à un manque de précision. Il faut de la planification, le souci du détail et un bon emploi des aides pour quitter la piste à la lettre du coin, traverser en passant exactement par X et reprendre la piste exactement à la lettre du coin en de l'autre côté de la piste.

Si vous demandez à votre monture de quitter la piste avec trop de rêne interne, il est plus que probable que l'épaule opposée va s'échapper et que votre monture va ainsi perdre son équilibre. Vous finirez avec une ligne infléchie plutôt que droite. Ce défaut amène plus souvent qu'à son tour une sur-correction, et la diagonale finit par ressembler à un test de sobriété passé par un ivrogne. C'est ce que j'appelle le « syndrome du marin ivre ».

Fixez votre regard sur la ligne devant vous pour vous aider à garder un tracé précis. Par exemple, si vous prenez la diagonale HXF, regardez vers F quand vous tournez en H. Chaque fois que vous sentez votre cheval dériver, apportez une légère correction avec vos aides.

▲ Il faut de la concentration et des corrections légères des aides pour garder le cheval droit sur toute la longueur d'une grande diagonale.

LEÇON N° 38 Les coins

▲ Cette cavalière a bien préparé son cheval en vue du coin mais, à ce stade, il pourrait rentrer légèrement plus profondément dans le coin.

Toute personne ayant passé un minimum de temps à apprendre la précision du dressage a entendu la phrase suivante : « Fais tes coins ! ». Quel que soit votre niveau équestre, il est toujours important de se concentrer sur des coins corrects.

La différence entre le niveau élémentaire et le Grand Prix, c'est la façon de monter le cheval dans les coins ; plus le cheval est avancé dans le travail, plus le coin est profond. Il reste cependant en équilibre et régulier dans son rythme, quelle que soit l'allure.

Presque tout le monde commence son expérience équestre en traçant le petit côté comme s'il s'agissait d'un demi-cercle, en ignorant superbement l'angle à 90° des coins du manège. Les coins offrent pourtant d'excellentes opportunités d'apprentissage. En demandant au cheval de s'engager dans le coin, correctement ployé et incurvé, le cavalier lui donne l'opportunité d'engager naturellement plus loin sous la masse son postérieur interne.

Pourquoi est-ce si important ?

Parce qu'il fait fonctionner la connexion entre les postérieurs et les rênes, c'est l'occasion de développer l'engagement (pour plus de détails sur l'engagement, voir l'encadré page 162).

Tirer le meilleur parti des coins nécessite une rapide mise en place des aides quand vous passez du grand au petit côté puis à nouveau au grand. Quand vous faites réellement le coin, les aides se succèdent trop vite pour qu'un moniteur puisse vous les dicter ; vous devrez les connaître par vous-même. Première étape : passer du grand au petit côté.

- **Commencez par un demi-arrêt** à la lettre du coin pour préparer le cheval au coin (rappelez-vous : la lettre dite du coin se trouve en fait 6 mètres avant, sur le grand côté).
- **Confirmez que vous avez du pli** et mettez simultanément la jambe interne pour inciter le cheval à engager le postérieur interne sous lui, pour le pousser vers votre rêne externe.
- **Mollissez ensuite sur la rêne intérieure,** pour autoriser plus d'incurvation à l'intérieur. À ce stade, vous êtes en train de sortir du premier coin pour entamer le petit côté. Vous aurez besoin d'un, peut-être de deux demi-arrêts le long du petit côté avant de commencer le deuxième coin, ou la séquence des aides est identique aux aides pour le premier.
- **Quand vous sortez du petit côté,** vous avez besoin d'un autre demi-arrêt pour préparer le mouvement sur le grand côté, qu'il s'agisse de marcher droit tout simplement ou de commencer un mouvement comme un changement de main par la diagonale ou une ligne courbe.

▲ Cette cavalière laisse son cheval couper le coin en tombant vers l'intérieur.

M

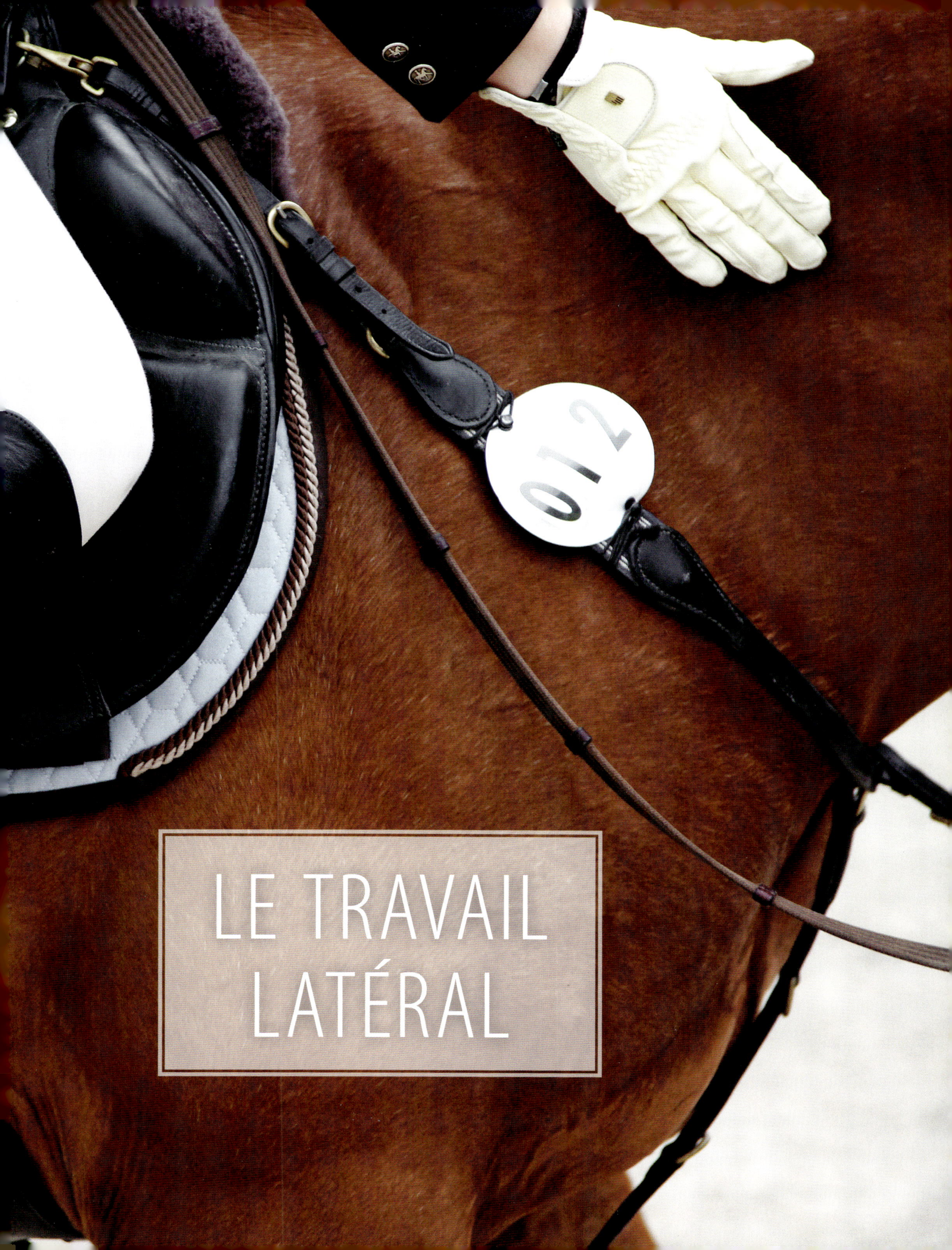

LE TRAVAIL LATÉRAL

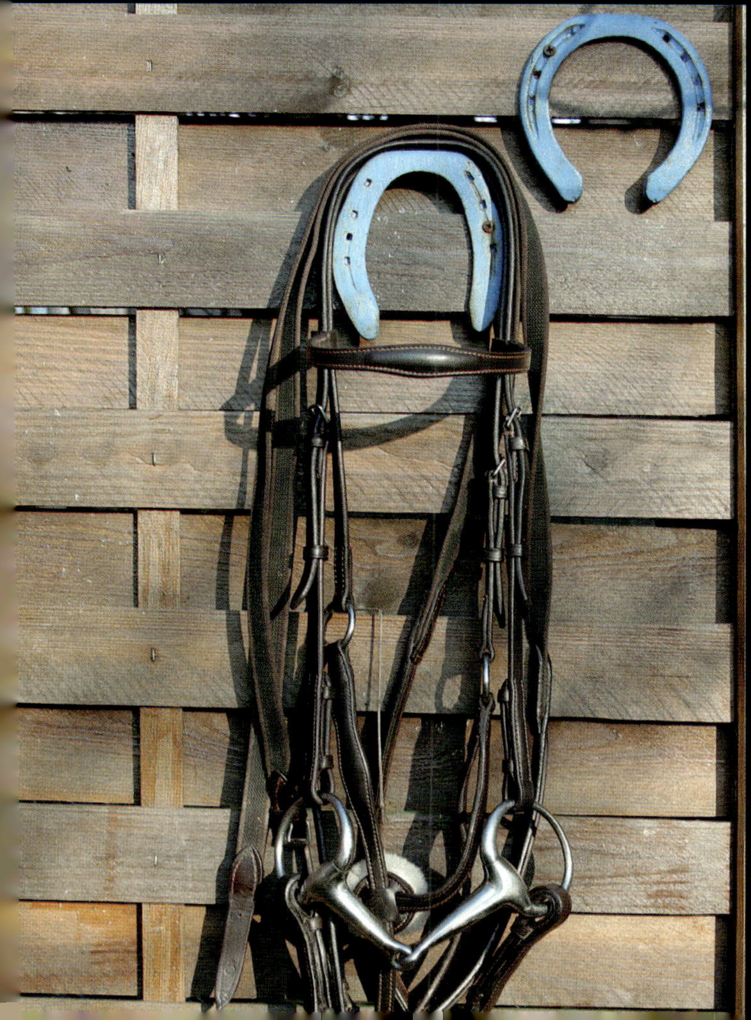

LE TRAVAIL LATÉRAL

Il existe une multitude de termes expliquant les exercices latéraux, la définition la plus universelle étant celle qui décrit le cheval comme se déplaçant à la fois en avant et sur le côté.

Quand on apprend à monter correctement à cheval et à travailler un jeune cheval, l'accent est mis au départ sur le mouvement en avant, longitudinal. Le mouvement latéral est la phase naturelle suivante à la fois de l'équitation et du travail. Et comme il s'agit d'un ouvrage sur les fondamentaux, nous discuterons du travail latéral à son niveau le plus basique.

Le travail latéral est important sous bien des aspects. C'est un excellent moyen de transformer le cheval en un meilleur athlète. Considérez-le comme du yoga pour le cheval. Les mouvements latéraux l'habituent aussi à être soumis et réactif aux aides, et plus particulièrement aux aides d'assiette et de jambe.

Terminologie du travail latéral

On regroupe sous le terme de « travail latéral » cinq exercices : cession à la jambe, épaule en dedans (avec l'épaule en avant comme préparation pour l'épaule en dedans), le travers (ou hanches en dedans), le renvers (ou croupe au mur) et l'appuyer. La cession à la jambe cependant fait figure de mouton noir de la famille et doit être considérée à part. Pour en savoir plus sur ce sujet, reportez-vous à la leçon n° 40, page 222.

Pour l'instant, commençons avec une définition de tous les termes que vous êtes susceptible de rencontrer dans les discussions sur les déplacements latéraux et sur leur classification.

Exercices latéraux

- **Tour sur les épaules** – Mouvement très basique, dans lequel le cheval pivote des postérieurs autour de l'antérieur interne sans se porter en avant. C'est le principe décrit par la leçon n° 39, page 220.
- **Tour sur les hanches** – Mouvement intermédiaire dans lequel le cheval fait pivoter ses antérieurs autour des postérieurs, tandis que le postérieur interne s'élève et s'abaisse et que le postérieur externe trace un minuscule demi-cercle.
- **Cession à la jambe** – Le cheval s'incurve légèrement dans la direction opposée au déplacement tout en se portant simultanément en avant et sur le côté, un bipède latéral croisant sur l'autre (voir leçon n° 40, page 222).
- **Épaule en dedans** – Les postérieurs restent sur la piste tandis que l'avant-main se déplace à l'intérieur, l'épaule externe du cheval se trouvant ainsi dans l'alignement de la hanche intérieure. Le cheval se déplace sur trois pistes, à un angle de 30 ° par rapport à la piste.
- **Épaule en avant** – Sous-catégorie d'épaule en dedans, et exercice préparatoire de tous les mouvements latéraux.
- **Travers (hanches en dedans)** – Intermédiaire/Avancé
- **Renvers (croupe au mur)** – Intermédiaire/avancé
- **Appuyer** – Avancé

Autre exercice latéral

- **Pas de côté** – Le cheval se déplace latéralement mais pas en avant. Cette figure ne se voit pas et ne s'utilise pas en dressage.

LEÇON N° 39 Le tour sur les épaules

▲ La cavalière ploie le cheval à droite et utilise sa jambe droite pour l'inciter à croiser vers la gauche.

▲ La cavalière contrôle le désir du cheval d'aller de l'avant grâce à un contact de la main restrictif mais moelleux.

Bien qu'il ne s'agisse pas techniquement d'un mouvement latéral, un tour sur les épaules est souvent l'un des tout premiers exercices latéraux que l'on demande à un cheval. Il ne se pratique pas en concours, et sa place dans les exercices latéraux n'a qu'une valeur du point de vue de la gymnastique et de la clarification des aides.

Comment s'effectue-t-il ?

Dans le tour sur les épaules, le cheval fait pivoter ses postérieurs autour de ses antérieurs, qui se relèvent et s'abaissent sur place, quasiment. Le cheval est incurvé dans la direction de la jambe d'action du cavalier, mais sans pli. Dans les premiers temps de cet exercice, on le demande couramment face à un mur afin d'interdire au cheval d'avancer.

Avec cette méthode, on demande le tour sur les épaules dans une configuration à 180°, de sorte que le cheval change de main (le long du mur) en faisant pivoter les postérieurs autour de ses antérieurs. Le tour sur les épaules au beau milieu du manège est identique pour le cheval, mais il est plus facile pour le cavalier près du mur, qui empêche physiquement le cheval d'avancer.

En tant qu'exercice préparatoire, le tour sur les épaules aide le cheval à comprendre que, bien que les aides d'assiette et de jambe signifient souvent « en avant », les mêmes aides employées différemment peuvent également vouloir dire « sur le côté ». Le tour sur les hanches, que l'on pourrait *a priori* croire relever de la même catégorie que le tour sur les épaules, est considérablement plus compliqué.

En quoi est-ce important ?

L'objectif du tour sur les épaules, c'est d'apprendre au cheval à s'écarter de la jambe qui demande le déplacement latéral. C'est un bon exercice de souplesse également. Il a, par ailleurs, l'avantage d'apprendre au cavalier à coordonner ses aides pour les mouvements latéraux.

Comment exécuter un tour sur les épaules ?

Un tour sur les épaules peut s'exécuter depuis le pas ou l'arrêt. Dans chaque cas, suivez ce guide pas à pas.

- **Ployez.** Demandez au cheval un pli dans la direction de votre jambe qui pousse les hanches, en demandant et en cédant avec la main correspondante.
- **Marchez.** Demandez-lui de croiser son postérieur interne devant l'autre, en poussant avec la jambe du côté où vous demandez le pli.
- **Poussez.** En poussant les hanches du cheval vers le côté, empêchez-le d'avancer en le retenant avec vos aides de main.
- **Marchez.** Les antérieurs doivent se déplacer par petits pas, et non rester plantés et pivoter au sol.

Correction des défauts dans le tour sur les épaules

L'erreur la plus courante dans le tour sur les épaules, c'est un cheval qui avance ou recule pour tenter d'y échapper. S'il faut choisir entre ces deux maux, et pour créer une sorte d'adage : Il vaut toujours mieux un cheval qui avance qu'un cheval qui recule.

La précipitation est un autre problème. Ce n'est pas une course contre la montre, assurez-vous donc que chaque foulée est une foulée mesurée de déplacement latéral des hanches, les antérieurs se contentant de se lever et de s'abaisser sur place.

À l'occasion, le cavalier emploie des aides conflictuelles, une jambe que le cheval interprète comme une aide propulsive s'opposant à une main qui le retient. Quand c'est le cas, c'est souvent le signe que le cavalier se précipite dans le mouvement plus vite qu'il ne peut le gérer, même s'il ne précipite pas son cheval.

Dans tous ces problèmes, la main du cavalier est souvent à blâmer : il est très facile de ployer à l'excès le cheval et d'essayer de le tirer de côté avec la rêne interne.

▼ **La cavalière encourage le cheval à faire pivoter les postérieurs vers la gauche tandis que les antérieurs restent sur place.**

LEÇON N° 40 La cession à la jambe

Une fois que le cheval commence à réaliser qu'il lui est possible de se déplacer sur le côté, la progression naturelle du travail l'amène à la cession à la jambe. Les moniteurs du monde entier utilisent celle-ci au début des exercices latéraux. La cession à la jambe est le plus basique des déplacements latéraux ; les quatre autres (épaule en dedans, travers, renvers et appuyer) sont des exercices de niveau plus intermédiaire ou avancé.

La FEI définit la cession à la jambe comme suit : « Le cheval est presque droit, sauf une légère flexion à la nuque du côté opposé à la direction vers laquelle il se déplace, le cavalier apercevant juste l'arcade sourcilière et le naseau du côté du pli. Les membres du côté intérieur chevauchent ceux du côté extérieur. Le cheval regarde dans la direction opposée au sens de la marche. [...] La cession à la jambe doit être commencée dans l'entraînement d'un cheval avant qu'il ne soit prêt à quelque travail rassemblé. Ensuite, avec l'épaule en dedans, mouvement plus avancé, la cession à la jambe est le meilleur moyen pour rendre le cheval souple, libre et aisé. Elle améliore la franchise, l'élasticité et la régularité de ses allures, ainsi que l'harmonie, la légèreté et l'aisance de ses mouvements. »

En quoi est-ce important ?

La cession à la jambe est un principe fondateur, que l'on peut utiliser d'innombrables façons sur le plat, en extérieur et à l'obstacle. Comme on le voit d'après la définition de la FEI, elle favorise la souplesse. Elle fait

▲ Notez comment le postérieur interne s'engage et croise devant le postérieur externe.

aussi merveille pour apprendre au cavalier à coordonner ses aides et teste la perméabilité aux aides du point de vue de la rectitude.

Dans le cadre d'un travail en bon ordre du cheval, ce dernier doit impérativement maîtriser la cession à la jambe avant de lui demander des mouvements latéraux plus avancés, qui exigent tous un certain degré de rassembler. La cession à la jambe incite aussi l'activité du postérieur interne du cheval, ce qui l'encourage à engager plus loin sous la masse en direction de son centre de gravité.

Les variantes dans la cession à la jambe

La cession à la jambe peut se décliner : d'une ligne à l'intérieur du manège (ligne du quart, ligne du milieu) au mur ou de la ligne du milieu à la ligne du quart (1).

On peut aussi aller du mur à un point désigné, par exemple du mur à la ligne du quart (2).

Une ligne diagonale peut aussi se monter en cession à la jambe (3).

Dans chacun de ces exemples, le corps du cheval doit toujours être quasi parallèle au mur, et le pli dans la direction opposée au sens de la marche. L'avant-main doit être légèrement en avance sur l'arrière-main dans la partie latérale du mouvement. En d'autres termes, le corps du cheval est très légèrement de biais, dans la direction du déplacement latéral.

Cession à la jambe le long du mur

On peut aussi exécuter une cession le long du mur dans deux configurations différentes : dans la première, le cheval a le bout du nez vers le mur (4) ; dans la seconde, le bout du nez du cheval fait face à l'intérieur du manège (5), la première étant la plus facile des deux. Le mur aide le cavalier en empêchant le cheval d'échapper aux aides, tandis que lorsque le cheval fait face à l'intérieur du manège, le cavalier est souvent enclin à employer trop de rêne pour surmonter le désir du cheval de fuir le mur. L'angle du cheval dans chacun de ces exemples va de 35 à 45° par rapport au mur.

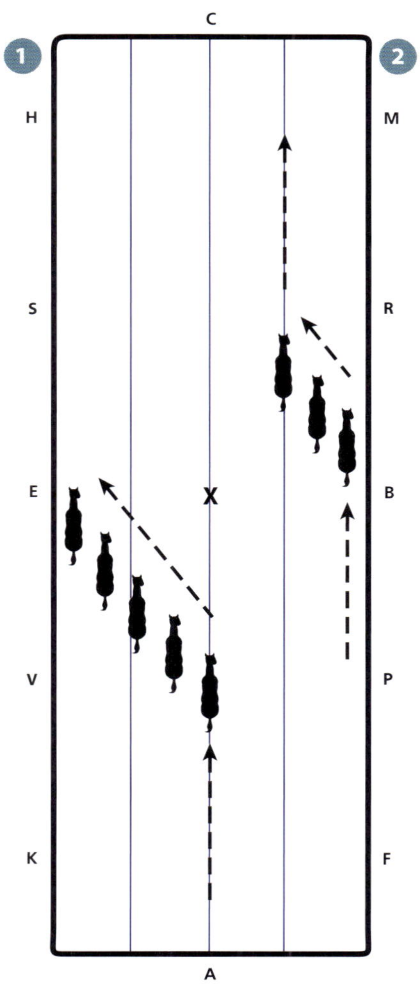

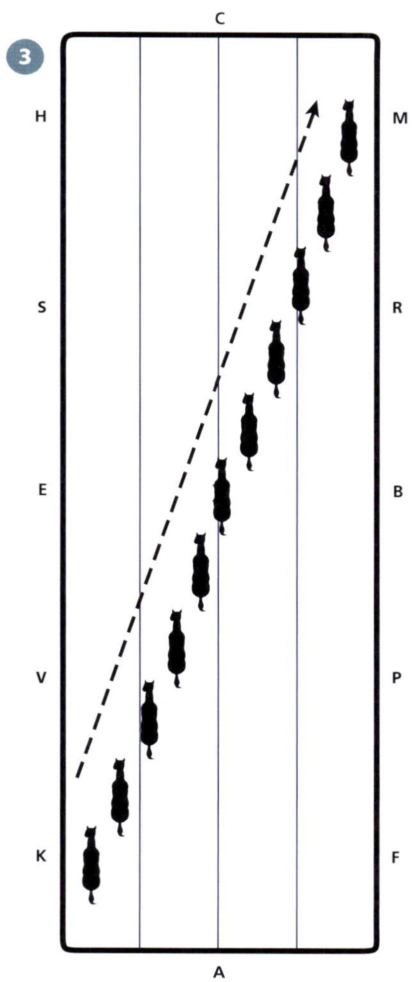

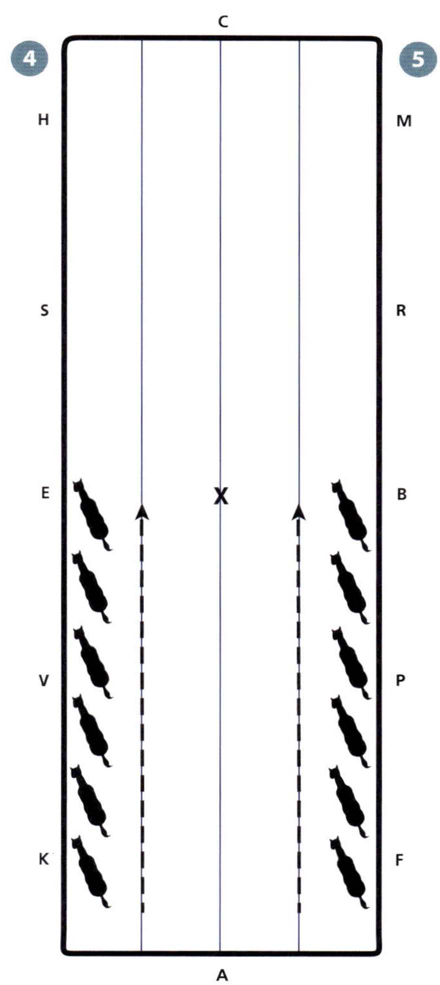

Rétrécir et évaser le cercle

La cession à la jambe et le cercle peuvent être combinés dans une spirale pour tirer le meilleur parti des bienfaits gymnastiques des deux exercices. Naturellement, le cheval s'incurve sur l'arc de cercle. La spirale s'exécute en commençant par un cercle de 20 mètres et en rétrécissant celui-ci lentement, généralement pas jusqu'à moins de 10 mètres. On revient alors ensuite vers un cercle de 20 mètres en cession à la jambe, de façon à ce que les postérieurs internes du cheval croisent régulièrement et également devant les membres externes.

LE DÉBAT AUTOUR DE LA CESSION À LA JAMBE

La cession à la jambe est le vilain petit canard des exercices latéraux parce qu'elle ne comporte pas d'incurvation et de rassembler comme les autres, ce qui donne lieu à un débat féroce entre moniteurs quant à savoir si la cession à la jambe est un « vrai » mouvement latéral. Certaines sources très bonnes ne classent pas la cession à la jambe dans la catégorie des exercices latéraux. Ainsi, la Fédération allemande d'équitation, dans son manuel *Techniques avancées de dressage* dit : « Les mouvements latéraux sont des exercices dans lesquels le cheval va en avant et de côté tout en maintenant une incurvation uniforme [...]
Les diverses formes de cession à la jambe ne sont pas de vrais mouvements latéraux parce que le cheval n'est que ployé, pas incurvé, et n'a pas besoin d'être rassemblé. »

Selon la FEI, la cession à la jambe est un exercice latéral, mais différent des autres – il a pour objectif de démontrer la souplesse et la *réactivité latérale* du cheval. Elle distingue la cession des autres exercices latéraux en ce que ceux-ci ont pour objectif d'accroître l'engagement et par là-même le rassembler.

Pour être complet, il faut dire qu'il existe également un certain débat sur l'intérêt des cessions à la jambe. Le jugement porté sur cet exercice semble faire apparaître deux écoles de pensée. Certains instructeurs y touchent à peine, disant qu'il est d'une utilité douteuse et ajoutant qu'il devrait être limité au pas et au trot de travail. Mais d'autres instructeurs par ailleurs d'excellente réputation enseignent la cession à la jambe au pas, au trot et au galop, l'incorporant à la quasi-totalité de leurs séances de travail.

COMMENT EXÉCUTER UNE CESSION À LA JAMBE ?

▲ Une bonne cession à la jambe.

Les aides de la cession à la jambe suivent le même ordre que tous les autres exercices : assiette d'abord, jambe ensuite et enfin main. Voici un élément clé à se remémorer pour demander la cession à la jambe : « en avant » est plus important que « de côté ».

Pour examiner de plus près l'exécution de la cession à la jambe, nous allons prendre pour exemple la cession à la jambe de la ligne du quart au mur :

- **Commencez par doubler** sur la ligne du milieu, en faisant attention à la rectitude. C'est important car le cheval ne doit pas ignorer vos aides externes et partir dans le déséquilibre.
- **Reportez légèrement** votre poids sur l'ischion du côté du sens de la marche, dans le cas présent l'ischion externe.
- **La jambe interne** doit être positionnée juste en arrière de la sangle et demander un mouvement en avant et sur le côté. La jambe externe fait office de jambe de position derrière la sangle, empêchant le cheval de tomber vers le mur et de s'échapper des hanches.
- **La rêne externe** joue un rôle de rêne de régulation, empêchant l'épaule extérieure de s'échapper, en cédant cependant suffisamment pour autoriser le pli. La main interne demande le pli.

Comme dans tous les exercices, la précision joue un rôle prépondérant. Il faut demander le mouvement en avant et de côté (avec la jambe interne) au moment où le postérieur interne quitte le sol. Si vous agissez à cet instant précis, le postérieur interne s'engage un peu plus activement sous lui.

Il peut être difficile de ressentir le bon moment. Un manège équipé de miroirs est utile dans ce cas, de même qu'une personne au sol qui observe et donne le signal ou qui vous dise si vous étiez en avance ou en retard.

Parmi les autres problèmes couramment observés, le cheval dont l'avant-main précède considérablement les hanches, ou l'inverse. Dans les deux cas, le cheval n'est pas parallèle au mur extérieur.

▲ Si les hanches sont trop en avance sur l'avant-main, comme on le voit ici, ou vice versa, le mouvement n'est pas correct.

CORRECTION DES DÉFAUTS DANS LA CESSION À LA JAMBE

J'ai naguère entendu un néologisme que j'aime bien : « rêninternite », le syndrome d'une utilisation excessive de la rêne interne. C'est une maladie qui fait des ravages en équitation, et on ne la voit peut-être nulle part autant que dans les cessions à la jambe. Il est très courant de voir un cavalier se servir à l'excès de la rêne interne dans une tentative d'obtenir le pli à l'intérieur.

Il en résulte une épaule extérieure qui s'échappe et un cheval qui se déplace certes latéralement, mais dans le déséquilibre, dans un mouvement évoquant plutôt le patin à glace. Le cheval ployé à l'excès peut aussi finir par s'incurver autour de la jambe demandant le déplacement latéral, alors que l'une des règles très claires de la cession à la jambe, c'est que le cheval est ployé mais pas incurvé.

▲ Trop de rêne interne conduit à trop de pli et à une épaule extérieure qui s'échappe.

Perte de rythme

Les mains sont souvent à l'origine d'une autre erreur répandue : la perte de rythme. Quand un cavalier en fait trop avec ses mains, le cheval perd son rythme. Il se défend contre la main et se contracte dans l'encolure (n'oubliez pas que d'après l'échelle de progression, un bon rythme est la clé de voûte de toute l'équitation).

Erreurs du cavalier

Quand vous essayez de diagnostiquer la source de vos éventuels problèmes, n'oubliez pas de vous analyser vous-même en premier lieu. Les erreurs d'assiette, la position des mains et des jambes ainsi que les erreurs d'aide sont assez fréquentes dans l'exécution des cessions à la jambe.

C'est dans la cession à la jambe que l'on voit le classique « affaissement de la hanche ». C'est aussi là que l'on voit la jambe intérieure partir trop loin en arrière et se replier (voir page 72).

Dans la cession à la jambe, il est impératif de retenir une chose très claire : le cheval doit être ployé, mais pas incurvé.

L'ABOUTISSEMENT : L'ÉQUITATION INTUITIVE

L'ABOUTISSEMENT : L'ÉQUITATION INTUITIVE

Après ce périple jalonné de diagonales et de demi-arrêts, où votre équitation va-t-elle vous conduire ? Vous devez arriver à une relation entre cavalier et cheval qui transcende la mécanique de l'assiette et des jambes, de la flexion et de la souplesse, une connexion qui soit une alliance profonde, presque intuitive. Les 40 fondamentaux décrits ici ne sont que les étapes sur la voie de l'équitation intuitive.

L'équitation intuitive – ou son absence – est la raison pour laquelle certaines personnes peuvent réellement monter à cheval tandis que d'autres fonctionnent bien techniquement mais ne possèdent jamais ce petit plus qui fait toute la différence. La question qui revient encore et toujours, sous une forme ou une autre, est celle-ci : « Pourquoi, même si l'on comprend tout ce qu'il y à savoir de la théorie équestre, peut-on ne jamais être à la hauteur de ses ambitions équestres ? » La réponse réside dans le sens de la communication avec le cheval, ce que l'on nomme le « tact équestre ».

Ce tact équestre, on pourrait aussi le décrire comme une sorte de sixième sens, un concept qui semble séparer les tacticiens des maîtres dans tous les sports et tous les efforts athlétiques. J'aimerais ajouter que monter à cheval exige une plus grande utilisation du sixième sens que n'importe quel autre sport à ma connaissance. Je ne parle pas ici d'une quelconque science « New Age » sans fondement qui s'apparenterait à une perception extra-sensorielle. Je fais référence à une profonde connexion du cavalier parfaitement à l'écoute de l'esprit et du corps de son cheval. Monter à cheval, après tout, est bien plus qu'un sport ou une activité physique : l'équitation est un art.

La compréhension de chacun

Le patinage artistique est un autre exemple de sport combinant art et athlétisme en un mariage harmonieux à la fois aux yeux du participant et du spectateur. Mais réunissez l'intelligence d'un être humain et la puissance, la majestueuse beauté et l'intelligence propre d'un cheval, et vous créez la magie. Cette association unique entre sport et art, sport et animal, plonge au plus profond de l'âme du cavalier qui monte en partenariat et en harmonie avec son cheval.

On appelle certaines de ces personnes dotées de ce sixième sens équestre les « chuchoteurs », notoirement connus pour leur capacité à parler le langage du cheval, à comprendre ses émotions et à anticiper sa réponse. En retour, le cavalier est capable de communiquer avec le cheval et de l'influencer d'une façon que le cheval comprend.

Le rapport entre l'homme et le cavalier repose sur la compréhension de la nature de chacun, affinée par la pratique en selle, l'observation d'autres chevaux et cavaliers, et le temps passé simplement en compagnie des chevaux à l'écurie ou au pré. Comprendre ce rapport nécessite la compréhension de la nature du cheval, de celle du cavalier et de la façon dont l'homme et le cheval fonctionnent ensemble au sein de cette alliance.

La nature du cheval

La nature du cheval a été démystifiée ces dernières années avec l'émergence du *natural horsemanship* (en réalité bien sûr, le *natural horsemanship* n'a rien de neuf ; ce sont des idées qui existent depuis des siècles, et peut-être même plus. Une grande partie de ce que Xénophon dit de la gentillesse et de la patience avec le cheval est étonnamment similaire aux idées modernes

▲ La nature grégaire du cheval est un facteur majeur de sa capacité à communiquer et à se lier avec les humains.

du *natural horsemanship*). Mais quel que soit le nom qu'on donne à cette équitation intuitive, elle repose sur la compréhension de la nature du cheval.

Les chevaux sont par nature des créatures réagissant en mode lutte-ou-fuite, comme il le faut à l'état sauvage s'ils veulent survivre. Ils choisiront toujours la fuite à toutes jambes face au danger si la moindre échappatoire est possible. En tant que proies potentielles, les chevaux ont toutes leurs antennes en constante alerte, à l'affût du moindre signe de danger. Leurs oreilles mobiles recueillent en permanence les sons qui, dans un environnement naturel, les avertirait qu'un prédateur est tapi quelque part et se prépare à les attaquer.

Leurs larges naseaux appréhendent toutes les odeurs, particulièrement celles qui sont nouvelles et les préviennent d'un danger potentiel. Quand ils sont effrayés, ils se figent et ronflent pour essayer de glaner plus d'informations grâce aux odeurs flottant dans l'air.

LE LIEN PARTICULIER ENTRE L'HOMME ET LE CHEVAL

La relation entre l'homme et le cheval est ancienne et unique. Les humains montent d'autres animaux et entretiennent avec eux d'autres liens, avec les éléphants et les chameaux par exemple, mais l'intensité émotionnelle de la relation entre le cheval et l'homme reste inégalée.

Bien que les chiens, les cochons, les moutons et le bétail aient été domestiqués plus tôt dans la culture humaine, la domestication du cheval a radicalement altéré le paysage. Le rôle qu'a joué le cheval dans l'histoire de l'humanité est bien documenté dans les écrits et dans les arts. Le cheval a apporté une mobilité nouvelle et un outil de domination aux cultures qui ont su l'utiliser. Dans toute l'histoire, jamais une culture se servant du cheval n'a connu la défaite face à une culture non équestre.

Le meilleur exemple en est peut-être la domination du monde au XIe siècle par l'Empire mongol. Celui-ci, mené par Gengis Khan, devint le plus grand qu'ait jamais connu le monde, conquis par une armée de cavaliers dont l'habileté et l'utilisation du cheval demeurent sans rivales à ce jour.

▲ La hiérarchie du troupeau, même minuscule, est fréquemment remise en question pour asseoir le règne d'un leader fort.

Quant à leurs yeux, ils sont parmi les plus grands chez les quadrupèdes. Leurs immenses yeux agrandissent tous, ce qui leur permet de voir des objets distants en détail. Ils ont une vision à presque 360°, toujours pour pouvoir capter le plus infime signal d'alarme.

Un animal social

Par la nature grégaire du cheval, son existence au quotidien dépend toujours, sans exception, d'un leader fort. Dans tout groupe de chevaux, une hiérarchie se constitue. Cette structure est remise en question chaque jour et parfois revue et corrigée selon le cheval qui se sent le plus dominant et agit comme tel. Il est important pour la survie du troupeau dans son ensemble que le leader qui montre des signes de faiblesse soit détrôné. Sans une remise en question quotidienne de la force et de la dominance, le troupeau deviendrait vulnérable aux dangers omniprésents de la nature.
Pour comprendre la relation cheval-cavalier, il est crucial de savoir que ce comportement instinctif de survie du troupeau s'étend au-delà de la relation cheval-cheval. Elle vous englobe. Dans l'univers du cheval, l'humain peut devenir le chef de la harde. C'est là que le cavalier « doué » prend sa place.

Le cavalier qui devient un leader fort et fiable, même si le troupeau ne compte que le cheval et lui, rend le cheval plus heureux, plus détendu et plus satisfait. Le cheval *désire* abandonner la responsabilité de sa survie à un leader qui le protègera du danger et qui lui fera savoir que tout va bien. Votre travail est de le rassurer sur votre capacité à remplir cette mission.

Comprendre la réponse instinctive de lutte-ou-fuite du cheval et les besoins du troupeau est le premier pas vers l'acquisition du sixième sens équestre. Quand vous accueillez le cheval à la porte du box ou du pré, vous devez marcher, parler et agir comme un chef sûr de lui et aguerri. Cela ne veut en aucun cas dire que vous devez être brutal, bruyant ou colérique, mais simplement que vous devez établir avec fermeté et cohérence des paramètres de comportement et de conduite acceptables.

▲ Le cavalier doit comprendre la réaction équine de « lutte-ou-fuite ». Le cheval effrayé choisira presque toujours la fuite comme première option.

La nature du cavalier

Penchons-nous maintenant sur l'humain et sur ce que *notre* nature apporte dans l'équation. Commençons par le fonctionnement du cerveau. La théorie du cerveau gauche/cerveau droit explique les fonctions et la structure du fonctionnement de l'esprit. Dans l'étude de la dominance hémisphérique, il est entendu que les deux côtés du cerveau sont responsables de deux différents modes de pensée. Le cerveau de certaines personnes est lourdement « connecté » sur un côté ou sur l'autre.

Une orientation sur le cerveau gauche décrit quelqu'un qui est analytique, méthodique, scientifique et logique, ainsi qu'habituellement crispé et introverti. Une personne avec une orientation sur le cerveau droit est imprévisible, émotive, artistique, holistique et intuitive, ainsi que moins logique et rationnelle. Certaines personnes sont relativement équilibrées et, fonctionnant avec les deux hémisphères, peuvent adopter les deux modes de pensée. Des études scientifiques détaillées nous apprennent que la réalité est bien plus complexe et bien plus ambivalente que cette explication, mais cette version simplifiée vous aide à assimiler l'idée que la « connection » de chacun est unique, et que la façon dont nous apprenons (notamment à monter à cheval) est fonction, comme tout le reste, de ce qui se passe dans notre cerveau.

Les meilleurs cavaliers – les intuitifs – utilisent les deux parties de leur cerveau. Ils connaissent les fondamentaux et la technique pure, bien sûr, mais ils ont aussi l'intuition de leur cheval. Ils ont passé du temps à l'écurie à le panser, à construire une relation, et possèdent une profonde compréhension de ses réactions. Ils se font confiance quand ils sentent qu'une séance de travail ne va nulle part et que leur cheval a besoin d'une promenade pour faire une pause. Ils font confiance à leur intuition quand elle leur dit que ce cheval en particulier a besoin d'un peu plus de jambes dans le coin, simplement parce que la sensation est meilleure ainsi.

L'ÉQUITATION COMMENCE À LA PORTE DU BOX

J'entends souvent des cavaliers de longue date décrier l'absence de véritable « sens du cheval » dans les rangs des nouveaux cavaliers. Nombre d'écuries et de centres équestres actuels offrent des services complets de pansage et de harnachement, de sorte que lorsque élèves, cavaliers et propriétaires arrivent, leur monture est prête à être montée. C'est une erreur. Si une personne ne sait pas se gérer et gérer le cheval qu'elle va prendre de façon à établir qui est et qui n'est pas le chef, elle se prépare à une séance difficile et peut-être dangereuse. Quand elle prend le temps d'apprendre à mener en main, panser et harnacher correctement un cheval, elle devient meilleur cavalier.

De nombreux professionnels, en activité depuis longtemps et qui ont observé cette tendance croissante sur les dix ou vingt dernières années, soulignent que ce n'est pas un service à rendre au cavalier désireux de progresser. Et ces autorités viennent de diverses disciplines, cavaliers de hunter ou d'obstacles, de complet et de dressage, et tous conviennent que cette tendance engendre une génération de cavaliers qui n'en savent pas autant qu'ils le devraient sur le comportement équin et qui ne sont pas des hommes ou des femmes de cheval, au vrai sens, au sens large du terme.

LA LOGIQUE CONTRE LE RESSENTI

En fin de compte, il ne s'agit pas quand on monte à cheval de penser, mais de savoir. Il s'agit de développer une relation intuitive avec le cheval et, s'il faut pour cela du temps et des efforts, ce n'est pas difficile. Pour devenir un homme ou une femme de cheval accompli, le cavalier doit apprendre le langage du cheval et développer (souvent sans même en avoir conscience) l'instinct de la bonne réponse à apporter.

Quand vous pensez au lieu de savoir, vous agissez à l'issue d'un processus mécanique. Une fois que vous pouvez sentir quand un cheval devient anxieux (grâce à vos vastes expériences avec lui), vous pouvez réagir intuitivement, sans réfléchir.

Suivre les 40 leçons de cet ouvrage vous confirmera dans la mécanique de l'équitation, mais développera aussi votre rapport au cheval. Votre instructeur n'aura pas besoin de vous dire quand céder dans la main ; votre cheval et votre intuition vous le feront savoir bien plus vite qu'aucun moniteur ne saurait vous le dire.

Tout se joue en une fraction de seconde entre l'action et la réaction. La pensée est un processus trop lent pour une interaction idéale entre le cheval et l'homme. Le cerveau doit passer en revue tous les éléments d'information en provenance des cinq sens (la vue, l'ouïe, l'odorat, le goût et le toucher), mettre ces informations dans le contexte de la théorie équestre (connaissance) et produire une réponse immédiate, interactive. Cette aptitude revient à une équitation « intuitive », douée d'un sixième sens.

Les éléments de l'équitation intuitive

Les éléments suivants doivent être en place pour développer un sixième sens et commencer à monter intuitivement :

- **Penser contre savoir.** Vous devez connaître les fondamentaux de l'équitation. Si vous avez du mal à saisir le concept d'un bon contact, ou si vos idées sur les aides d'assiette et les demi-arrêts sont confuses, vous allez « réfléchir » à ce que votre instructeur vient de dire ou à ce que vous avez lu quelque part pour essayer de bien faire. Vous ne pourrez pas consacrer l'attention nécessaire pour ressentir le cheval. Bien entendu, rien n'est meilleur pour développer cette connaissance que le temps passé à travailler sur les fondamentaux, à la fois à cheval et en regardant d'autres bien (et mal) faire.
- **Confiance.** Vous devez vous sentir au milieu d'une vaste et profonde bulle de confort quand vous montez. Il ne doit pas y avoir de peur. La confiance vient du temps passé en selle, mais aussi du temps passé plus généralement en compagnie des chevaux. Le temps que vous consacrez au pansage, par exemple, vous donne plus confiance dans votre compréhension de la psychologie et des réactions du cheval.
- **Contrôle des émotions négatives.** Vous devez être capable de monter sans laisser votre état émotionnel vous dominer. Les émotions négatives telles que la colère, la peur, l'anxiété, la tension, l'appréhension, la déception, l'agressivité, la frustration et l'hostilité, entre autres, se manifestent sous la forme de cavaliers contractés, tendus, qui entravent le mouvement du cheval. Le cavalier au visage fermé, mâchoires serrées, ou qui grince des dents, est en conflit, non en harmonie, avec sa monture.
- **Monter dans l'instant présent.** Le cheval, à l'encontre des humains, ne s'appesantit pas sur les victoires ou les échecs d'hier, et ne s'inquiète pas de savoir s'il aura sa pitance le lendemain. Il ne se soucie que de ce qui lui arrive dans l'instant. Rejoindre le cheval dans cet espace mental est à la fois gratifiant et rafraîchissant. Vous connecter au moment présent affine vos sens et vous permet de mieux ressentir les choses dans leur globalité.

Rester dans le présent

En tant qu'êtres humains, nous sommes conditionnés pour analyser et chercher les raisons profondes avec un regard critique. Même si nous ne devons pas, au final, ignorer le pourquoi des choses, au moment où nous sommes en selle nous ne devons pas rester bloqués dans ce qui s'est passé il y a 10 secondes. Il existe un effet domino en équitation : plus longtemps vous resterez concentré sur l'erreur, plus d'autres erreurs et problèmes surgiront, et il ne faudra pas longtemps pour que toute l'utilité de votre séance parte en fumée. Si vous tentez un cercle de 20 mètres au trot assis et que votre monture prend le galop sans que vous n'ayez rien demandé, ne vous inquiétez pas. Revenez à la bonne allure et passez à autre chose. Sinon, vous allez perdre non seulement votre trot mais également la forme de votre cercle.

Ce concept de l'équitation dans l'instant présent doit être étendu à tout ce que chaque « moment présent » signifie réellement dans une séance. Pensez au temps que vous avez passé, en cours de français à l'école, à apprendre la différence entre le passé, le présent et le futur. Votre équitation doit toujours être concentrée sur le temps présent, avec un petit peu de futur. Mais gardez le passé pour l'instant où vous mettrez pied à terre, ou quand vous ferez une pause au pas, rênes longues. Il est en effet important de revenir sur les éléments problématiques d'une séance de sorte que, la prochaine fois, vous ayez un plan tout prêt ou une compréhension plus fine de la raison du problème. Mais après la séance.

L'équitation intuitive en action

Si vous voilà convaincu que l'équitation intuitive doit être votre objectif, ne soyez pas intimidé. Bonne nouvelle, c'est à la portée de tous ! Il s'agit simplement d'assimiler les bases de l'équitation classique – ses 40 fondamentaux – et d'y ajouter une approche et une attitude dans lesquelles votre cheval est un partenaire équestre de plein droit.

D'après mon expérience, cette recette n'a en fait rien de compliqué. Comme pour beaucoup de choses dans la vie, il faut commencer d'abord par faire vos devoirs à la maison, mais ce n'est pas une corvée, puisqu'il s'agit de monter à cheval. Et comme la dégustation d'un bon dessert, elle se termine par le plaisir : la satisfaction de la relation entre cavalier et cheval. Voici ma recette :

- **Un peu de théorie équestre.** Lire et comprendre les 40 fondamentaux est par exemple un excellent début. Renseignez-vous sur le comportement équin et l'histoire des chevaux et des cavaliers. Lisez des magazines, regardez des vidéos pour contempler des chevaux en action.
- **Passez beaucoup de temps** en compagnie des chevaux. Pansez, observez les chevaux au pré, faites les box. Le simple fait de passer du temps autour des chevaux et de leurs activités affinera votre compréhension.
- **Ajoutez-y beaucoup de temps en selle.** Essayez de mettre en pratique les 40 fondamentaux, en manège et au-delà, en extérieur, partout où vous montez à cheval. Vous pouvez faire une cession à la jambe sur une allée cavalière ou grimper la colline derrière votre écurie au trot de travail, le but étant d'intégrer les fondamentaux à votre équitation de tous les instants. Chaque expérience que vous vivez en selle est bonne, car il n'y a au final pas de meilleur professeur qu'elle.
- **Et l'ingrédient secret :** détendez-vous et prenez du plaisir. Prenez conscience que vous montez à cheval pour y prendre du plaisir et vous amuser. Quand vous êtes détendu et que vous passez de bons moments, vous êtes plus ouvert à ce que votre cheval a à dire par son comportement et son mouvement.

Nous, cavaliers, avons le privilège de monter à cheval, c'est pourquoi nous devons à ces magnifiques animaux de faire de notre mieux pour leur assurer santé et bien-être. Dans cette optique, nous leur devons donc d'en savoir autant que possible sur l'équitation, et d'écouter avec toute l'attention possible ce qu'ils ont à nous dire.

Heureusement pour nous, ce processus est un vrai bonheur. L'équitation intuitive appuyée sur des fondamentaux solides est profondément gratifiante tant pour le cavalier que pour le cheval.

ANNEXES

LE LIVRE AVEC LE DVD

Comment apprend-on à monter à cheval ? En tant qu'instructrice d'équitation, je pense que l'apprentissage vient en premier lieu et avant tout des leçons et du temps passé en selle. Mais beaucoup de cavaliers recherchent une compréhension plus approfondie que ce qu'ils peuvent tirer d'un cours hebdomadaire. Et où trouver ça ? D'après mon expérience, principalement de trois sources : tout d'abord, des lectures équestres, qui vous permettent de comprendre les *idées* maîtresses ; en second lieu, les photos, qui vous montrent *un instant* clé de l'équitation, et en troisième lieu, regarder des vidéos qui vous montrent un *mouvement* clé.

Quand nous avons commencé à coucher sur le papier les idées qui ont présidé à la rédaction de cet ouvrage, nous savions qu'un livre soigneusement écrit, doté de nombreuses photos et illustrations, était impératif. Le mot écrit est important, et il faut par ailleurs des images claires pour faire passer les idées et les concepts. Mais il manquait quelque chose.

Une photo ne montre qu'un instant figé, alors que tout en équitation est question de mouvement. Nous voulions donner vie aux concepts théoriques avec des images montrant l'activité et clarifiant les innombrables et subtils mouvements qui font chaque moment de l'équitation. Dans ce combiné livre-DVD, nous avons travaillé dur pour intégrer idées, moments et mouvements en un seul lot.

Nous avons exploré chaque outil vidéo possible apte à jeter une lumière nouvelle sur les sujets abordés dans ce livre : plans de grue, échelles, câbles, poulies, camions, plongée, contre-plongée, grand angle… Nous avons passé toute une journée à tourner des vues en *bird's eye* du sommet d'une perche de 12 mètres, ce qui donne un aperçu complètement différent de la géométrie du cheval lui-même, des figures de manège, des allures, des aides et de bien d'autres sujets.

Nous vous présentons le saut d'obstacles en contre-plongée, à vitesse normale et au ralenti, en carrière et en extérieur. Nous vous montrons les aides en gros plan et en plan éloigné, au ralenti jusqu'à l'arrêt sur image, et même une fois en marche arrière

À l'aide d'un nombre incroyable de techniques vidéo de pointe, nous avons filmé les principaux mouvements du cheval et du cavalier décrits dans ce livre. En passant en revue le métrage, nous avons été saisis par tout ce que le montage au ralenti image par image avait à offrir. En voyant ces moments ordinairement difficiles à discerner, tout va s'éclairer !

Ce livre et ce DVD sont pensés comme deux outils complémentaires. Vous pouvez lire un chapitre sur un thème que vous souhaitez explorer, et laisser les mots clarifier le sujet. Regardez les photographies et les illustrations pour vous faire une idée claire de ce qui est juste et de ce qui est faux. Mettez ensuite le DVD, organisé selon le même principe, leçon par leçon, sujet par sujet, et regardez le sujet prendre vie avec des cavaliers qui vous font la démonstration du « avant », « pendant » et « après » de chaque concept.

Ou, si vous préférez, commencez par le DVD, et regardez ce qui vous intéresse avant de lire le texte sur le sujet pour approfondir vos connaissances. D'une façon ou d'une autre, nous avons travaillé pour vous offrir un regard neuf sur les fondamentaux de l'équitation, en vous aidant, vous et votre cheval, à réaliser vos objectifs de façon positive et satisfaisante.

◀ **Sophie était très intriguée par la perche.**

EN HAUT, AU MILIEU ET EN BAS : Divers angles de prise de vue, du sol à 12 mètres de haut, ont permis de capturer la théorie équestre en action.

LE CASTING

▲ **PAGE 15 :** Hollie McNeil avec **Sophie** (appartenant à Marilyn Carbin).

▼ **PAGE 54 :** Hollie McNeil avec **Maya** (appartenant à Kayla Breithaupt).

▶ **PAGE 35 :** Andrea Beukema avec **Maddie** (appartenant à Hollie McNeil).

▲ **PAGE 39 :** Kathleen Hayden avec **Beckett** (appartenant à Malinda Raywood).

▲ **PAGE 55 :** Alida Durrant avec **Cookie** (appartenant à Sara Ineson).

▼ PAGE 80 : Hollie McNeil avec **Gamine** (appartenant à Hollie McNeil).

▲ PAGE 101 : Gail Kapiloff avec **Ginger Ale** (appartenant à Gail Kapiloff).

▶ PAGE 107 : Hollie McNeil avec **Kanan** (appartenant à Dianne Wojtkun).

▲ PAGE 133 : **Dannavirke** (appartenant à Hollie McNeil).

▲ PAGE 138 : Andrea Beukema avec **Nestle** (appartenant à l'Université *Johnson and Wales*).

Index

Les numéros de page en gras renvoient aux entrées principales.

I

J

L

M

N

O

P

EQUI-THEME
EQUI-THEME
EQUI-THEME
EQUI-THEME

À PROPOS DE HOLLIE McNEIL

Pratiquant l'équitation depuis l'âge de 4 ans, **Hollie McNeil** est propriétaire et entraîneuse à la *Riding Right Farm*, aux États-Unis. Cette infrastructure donne plus de 3 000 leçons d'équitation par an, anime de nombreux salons vétérinaires et des spectacles. Elle est titulaire d'une licence d'entraîneur en Allemagne et d'un Passeport d'entraîneur international, reconnus par la Fédération équestre internationale (FEI).

REMERCIEMENTS

Aucun livre n'est jamais écrit par une seule personne et aucun auteur ne travaille jamais vraiment seul. C'est d'autant plus vrai pour un projet complexe comme celui-ci.

Je remercie et j'exprime pour commencer toute ma gratitude à ceux qui ont fait tourner la ferme jour après jour. Aucune obligation professionnelle, aucune tâche agricole n'a jamais été négligée quand les séances photos et les journées de tournage accaparaient tout mon temps et mon attention ou que l'écriture me gardait cloîtrée. Andrea Beukema, particulièrement incroyable, a réussi à assumer sa casquette en plus de beaucoup des miennes.

Je remercie également mes élèves et mes amis qui se sont prêtés au jeu avec plaisir en mettant leur cheval à disposition ou en prenant part aux séances de photographie et aux tournages.

Enfin, je me dois de mentionner la patience, le soutien et la compréhension de ma famille. Mes enfants Alex, Sean et Max m'ont soutenue à chaque étape de ce périple, que ce soit en m'aidant les jours de tournage ou en déployant des trésors de patience lorsque j'écrivais. Ils ont toujours été là pour moi.

Ma mère et mon père méritent aussi ma plus profonde gratitude pour m'avoir aidée depuis le début à poursuivre mes rêves équestres, et pour le faire encore aujourd'hui.

Mais sans aucun doute, c'est à mon mari Michael que revient ma plus grande reconnaissance. Il est le visionnaire, l'énergie, le stratège, le tacticien et le perfectionniste pointilleux qui rend tout, absolument tout, possible.

Illustrations

Joanna Rissanen

Crédits photographiques

h = haut, b = bas, g = gauche, d = droite.

© **Arnd Bronkhorst** : 22, 129, 181, 219.

© **Fotolia.com :** /Anakondasp : 125 (b) ; /Fifranck : 58-59 ; 167 (h) ; /Farmer : 164-165 ; /Doc rabe media : 212-213 ; /D. Szatrowski : 63 (hg), 254 ; /Lilufoto : 64 ; /C. Arnold : 10 (bg) ; /Bernd_Leitner : 11(hg) ; /BildPix.de : 10 (bd) ; /Kasto : 10 (hd) ; /Ant236 : 20 (b) ; /Lovinghorses : 21 (hg) ; /P. Devanne : 21 (hd) ; /D. Vernier : 28 (hd) ; /Fotoimpressionen : 28 (b) ; /Raphotography : 29 (b) ; /NJ : 30 (b) ; /Dziurek : 60 (b) ; /R. Lukovic : 61 (h) ; /PictureArt : 84 (b) ; /Slowcentury : 85 (h) ; /Edoma : 85 (b) ; /Maytii : 87 (h) ; /T. Plouchard : 87 (bg) ; /A. Zander : 19 (hd) ; /C. Chaufour : 169 (hd) ; /J. Fälchle : 186 (hd), 216 (b) ; /Lophie : 187 (bd) ; /V. Johnson : 214 (b) ; /C. Calcagno : 215 (bg) ; /Helfei : 217 (h) ; /M. Kondratjeva : 217 (b) ; /Cynoclub : 19 (hg) ; /E. Isselée : 126 (b) ; /T. Hoarau : 127 (hg) ; /meanmachine77 : 198 ; /O. Batsyn : 211.

© **Hollie H. McNeil :** 245 (bas).

© **IStockphoto.com :** /Delphimages : 184 (hg) ; /Lunamarina : 186 (b) ; /Pixelprof : 214 (h) ; /Romaoslo : 128 ; /Sixtheye : 215 (hg) ; /Somogyvari : 84 (hd), 87 (bd), 170 ; /Winhorse : 63 (b) ; /Wragg : 169 (b).

© **Mike McNeil :** 246-247.

© **Sara Lieser/***The Chronicle of the horse* : 47.

© **Shawn Hamilton/**Clix Photography : 122-123.

© **Thinlstockphotos.com :** coll. BananaStock : 26-27, 184 (b), 216 (hg) ; coll. Comstock : 32, 86 (hg), 124 (h), 125 (hd), 185 (b) ; coll. Design pics : 126 (h) ; coll. Digital vision : 61 (b) ; coll. Hemera : 10 (h), 18 (bg), 19 (b), 20 (h), 21 (b), 29 (hd), 31 (h), 88, 166 (hg), 167 (bd), 215 (bd) ; coll. Ingram Publishing : 28 (hg), 31 (b), 248 ; coll. iStockphoto : 8-9, 10 (b), 12, 16-17, 18(hg, bd), 29 (hg), 30 (h), 60 (hg, hd), 62, 63 (hd), 82-83, 84 (hg), 86 (b), 124 (b), 125 (hg), 127 (hd, b), 136, 166 (hd, b), 167 (bg), 168, 169 (hg), 182-183, 185 (h), 186 (hg), 187 (h, bg), 193, 215 (hd), 216 (hd), 228-229, 230 (hd, b), 231 (h, bd), 232, 233 ; coll. Lifesize : 234 ; coll. Liquidlibrary : 231 (bg) ; coll. Photos.com : 184 (hd), 249 ; coll. Photodisc : 230 (hg).

© **Carien Schippers :** toutes les autres photographies.

Photogravure IGS, l'Isle d'Espagnac
Imprimé en Espagne par Graficas Estella, Estella
Dépôt légal : octobre 2012
308444/01-11017105 septembre 2012